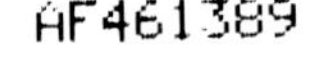

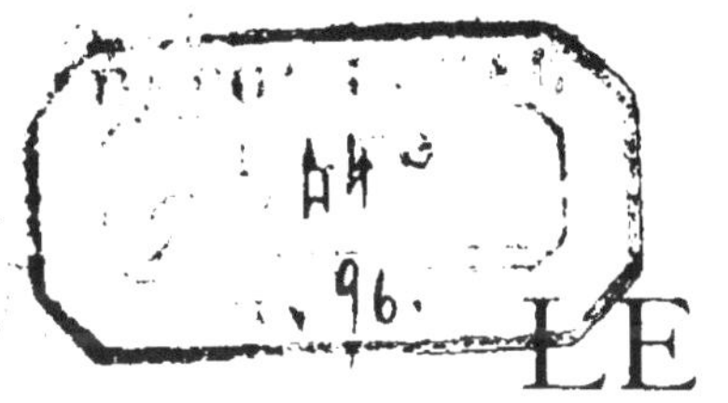

LE FRÈRE SIMON-PIERRE DEVERNOIX

NOVICE

DE LA CONGRÉGATION DES MISSIONNAIRES DU SACRÉ-CŒUR

PAR

Le Père Ch. PIPERON

DE LA MÊME CONGRÉGATION

> *Placita enim erat Deo anima illius : propter hoc properavit educere illum de medio iniquitatum.*
>
> Son âme était agréable à Dieu : c'est pourquoi il s'est hâté de la retirer de ce monde d'iniquité.
>
> SAGESSE, IV. 14.

PÈLERINAGE DE NOTRE-DAME DU SACRÉ-CŒUR
A ISSOUDUN (INDRE)

1896

LE FRÈRE SIMON-PIERRE DEVERNOIX

SIMON-PIERRE DEVERNOIX

ÉLÈVE DE RHÉTORIQUE.

LE FRÈRE
SIMON-PIERRE DEVERNOIX

NOVICE

DE LA CONGRÉGATION DES MISSIONNAIRES DU SACRÉ-CŒUR

PAR

Le Père Ch. PIPERON

DE LA MÊME CONGRÉGATION

Placita enim erat Deo anima illius : propter hoc properavit educere illum de medio iniquitatum.

Son âme était agréable à Dieu : c'est pourquoi il s'est hâté de la retirer de ce monde d'iniquité.

SAGESSE, IV, 14.

AU PÈLERINAGE DE NOTRE-DAME DU SACRÉ-CŒUR

A ISSOUDUN (INDRE)

1896

AIMÉ SOIT PARTOUT LE SACRÉ CŒUR DE JÉSUS !

Très Révérend Père Supérieur Général,

Cet opuscule vous appartient à double titre : Vous-même l'avez inspiré ; il raconte la vie d'un de vos plus jeunes enfants.

Permettez-moi de le déposer à vos pieds vénérés, en vous priant d'en accepter l'hommage et de le bénir.

Il sera pour votre Révérence, j'en ai l'espoir, une consolation au milieu des amertumes de l'heure présente ;

Un dédommagement précieux à tous les travaux, à toutes les épreuves douloureuses que doit nécessairement supporter tout Fondateur ;

Une joie, une douce espérance : Voyant quels fruits précieux a déjà produit cette bien-aimée Congrégation, que vous avez reçu mission de fonder et de diriger.

Assurément, le cher défunt n'est pas le seul qui vous ait apporté cette consolation, cette espérance.

Si je les avais oubliés, votre cœur de Père me rappellerait les noms de tant de nos Pères et de nos Frères bien-aimés, dont la mort a été précieuse devant le Seigneur.

Ils nous ont édifiés et pendant leur vie et dans leur trépas; ils seront l'ornement de votre couronne, votre gloire, comme ils ont été votre joie.

Mais, Très Révérend Père, n'est-il pas vrai qu'une fleur fraîchement cueillie exhale un plus suave parfum et réjouit plus agréablement les yeux que les fruits mûrs depuis longtemps?

Daignez donc recevoir, en ce jour de la fête de saint Jules, votre glorieux patron, cette humble fleur du parterre de notre cher Noviciat, et laissez tomber sur votre fils très respectueux et très affectionné une de vos meilleures bénédictions, puisée aux sources même de la grâce, le Sacré Cœur de Jésus.

CH. PIPERON,
Miss. du S.-C.

Chezal-Benoit, le 12 avril 1896.

AVANT-PROPOS

Cet opuscule a pour objet de faire connaître la vie d'un jeune novice, pieusement décédé le 17 novembre 1895, à la fin de l'année de son noviciat.

Le volume est petit, de bien modeste apparence : nous croyons cependant qu'il renferme assez de choses grandes et saintes pour édifier le lecteur et l'intéresser vivement.

Celui qui a signé ces pages n'en est pas l'auteur. Son travail se résume dans le choix et la transcription de notes journalières, écrites au courant de la plume, par le jeune novice ; dans l'analyse de quelques-unes de ses compositions et dans quelques extraits de lettres adressées à sa famille. Il fallait une signature, ne fusse que pour certifier tous ces extraits conformes à leur source authentique. Nous l'avons donnée, en qualité de secrétaire et de témoin de tout ce que contient ce volume.

S'il a coûté quelque labeur, nous déclarons en avoir été amplement récompensé, et par les joies pures qu'il nous a procurées, et par le bien que la lecture des papiers intimes de ce cher enfant a fait à notre âme.

Nous sommes convaincu qu'il peut produire un même et plus grand bien dans beaucoup de cœurs, voilà pourquoi nous le publions.

N'est-il pas écrit qu'*il est honorable de révéler et de publier les œuvres de Dieu ?* (1) Cette vie intime que nous produisons au grand jour de la publicité, c'est Dieu qui l'a faite par sa grâce. A lui donc, et à lui seul, en appartient toute la gloire. Le jeune novice y a joint la coopération de sa volonté généreuse ; le Dieu tout bon, qui couronne ses dons eux-mêmes dans ses élus, ne l'a pas privé de la récompense. C'est notre ferme espoir.

(1) *Tobie*, XII, 7.

Chers Zélateurs et chères Zélatrices de la Petite-Œuvre (1),

Elle vous appartient de droit, cette notice sur la vie du Frère Simon-Pierre Devernoix, puisqu'elle est le fruit béni de votre dévouée charité. Veuillez l'agréer comme un hommage de notre reconnaissance. Celui que vous avez vêtu et nourri, dans la personne de cet humble Frère, exaucera, soyez-en assurés, les prières que votre protégé lui adresse pour vous. Il a tant prié pour ses Bienfaiteurs pendant sa vie mortelle! Il ne peut vous oublier maintenant qu'il habite le séjour de l'éternelle gloire.

Prenez ce livre et lisez-le : il vous fera connaître ce qu'ont produit vos aumônes : — un fruit délicieux, — mais, selon nos pensées si courtes, trop tôt cueilli par le divin Jardinier, pour être servi au festin des noces éternelles.

Ne croyez pas, cependant, que tous nos enfants nous soient ravis dès le printemps de là vie. La divine Sagesse qui dispose toutes

(1) Voir à la fin du volume la notice sur la Petite-Œuvre.

choses avec poids, nombre et mesure, sait qu'il faut beaucoup d'ouvriers apostoliques pour la moisson des âmes. Elle laisse le plus grand nombre de ces enfants grandir et se développer, afin qu'ils puissent travailler un jour dans le champ du Père de famille. Le Cœur de Jésus choisit dans leurs rangs ceux qui lui conviennent et laisse, pour le travail, ceux qu'il destine au travail. Adorons sa conduite toujours miséricordieuse et toujours propice à la gloire de son Père céleste et au salut des pécheurs.

Oui, adorons ; mais prions aussi, selon le précepte du Maître de la moisson, afin qu'il multiplie les ouvriers évangéliques et les envoie semer le bon grain de sa parole sainte ; recueillir la moisson déjà jaunissante. Elle est abondante ; les ouvriers, hélas ! peu nombreux.

Faites donc pour tous, avec l'aumône de vos dons, celle de vos ferventes prières. N'oubliez ni ceux qui partent pour les régions lointaines, ni ceux qui demeurent, ni ceux qui supportent les rudes labeurs de l'apostolat, ni ceux qui s'y préparent dans le recueillement de la retraite.

Ainsi, ô vous tous, Bienfaiteurs et amis de la Petite-Œuvre, vous serez apôtres vous-mêmes, et doublement apôtres. Vous aurez part, selon la promesse de Notre-Seigneur, à la récompense des apôtres (1).

Autant vous contribuerez à la formation des ministres de l'Evangile, autant s'accroîtront vos mérites et votre gloire du ciel ; autant vos protégés étendront leurs conquêtes et conduiront d'âmes au salut, autant de perles précieuses ajoutées à votre couronne.

N'entendez-vous pas comme une voix de la céleste patrie qui vous dit à tous, qui nous crie à nous-mêmes : — Courage ! Là où nous sommes, là vous serez un jour. — C'est la voix de Monseigneur Verjus ; c'est la voix, — nous aimons à l'espérer, — du cher enfant dont vous lisez la trop courte vie ; c'est la voix de tous nos glorieux défunts.

Courage donc ! Après avoir lu ces quelques pages, vous direz avec nous, en vous servant des paroles de nos livres sacrés : Ce jeune

(1) *St Math.*, x, 41.

novice *a vécu peu de temps ;* en une année, *il a rempli une longue carrière. Son âme était agréable à Dieu, c'est pourquoi il s'est hâté de la retirer du milieu de ce monde* (1).

Délicate et belle fleur, à peine éclose sous le regard aimant de Jésus : elle embaumait déjà la solitude qui l'a vue croître ! Mais il l'a voulue, le bien-aimé Sauveur, pour la déposer dans le sein de son Père céleste ; Il l'a enlevée à la terre, qui aurait pu la flétrir, pour la transporter dans sa demeure et l'y conserver fraîche et belle éternellement.

La mission des élus, cependant, ne se borne pas à la vie présente : Saint Paul nous enseigne (2) que le juste Abel parle encore, après sa mort, par l'exemple de ses vertus. Il parlera donc encore, notre regretté défunt ; il parlera, par ses exemples et ses écrits, à ses frères bien-aimés, pour les attirer à la suite de Jésus ; il parlera à toùs ceux qui liront ce petit livre, pour leur enseigner le vrai chemin de la vertu et du bonheur : il fera ainsi le bien qu'il avait résolu

(1) *Sagesse*, IV, 13 et 14.
(2) *Aux Héb.*, XI, 4.

d'opérer, si Dieu lui eut accordé longue vie, et que la mort, venue trop rapidement, l'a empêché d'accomplir. Il parlera des âmes à Jésus, afin qu'il les éclaire et les soutienne par sa grâce; il parlera de Jésus aux âmes pour qu'elles apprennent à l'aimer, à se donner à lui sans réserve.

Et maintenant, il ne nous reste plus qu'un vœu à exprimer: — Que les bons anges prennent ce petit volume et le portent partout où il se trouvera des âmes bien préparées. Nous les prions de le remettre aux mains des jeunes élèves des institutions catholiques et des grands et petits séminaires, là où germent, se développent et mûrissent, sous l'action bienfaisante du Cœur de Jésus, les saintes vocations.

Nous espérons, malgré l'insuffisance du *Secrétaire*, qui a rédigé et transcrit ces pages, qu'elles produiront quand même leurs fruits. Nous supplions, l'auguste Vierge Marie, l'ineffable Trésorière du Cœur de Jésus, à la gloire duquel ce travail a été entrepris, de le bénir, afin que ce très aimable Cœur soit de plus en plus connu, aimé et glorifié.

C'était l'ardent désir du cher Frère Simon-Pierre Devernoix et le but de sa vie : nous n'en voulons pas avoir d'autre.

Si quelques âmes trouvent profit dans la lecture de cette notice, qu'elles veuillent bien ne pas oublier, dans leurs prières, celui qui a consacré, à sa rédaction, ses rares heures de loisir.

Le 19 Mars 1896, en la Fête de saint Joseph, Modèle et Patron des Amis du Sacré Cœur.

LE FRÈRE SIMON-PIERRE DEVERNOIX

Placita enim erat Deo anima illius : propter hoc properavit educere illum de medio iniquitatum.

Son âme était agréable à Dieu : c'est pourquoi il s'est hâté de la retirer de ce monde d'iniquités.
(SAGESSE, IV, 14.)

CHAPITRE Ier

PREMIÈRES ANNÉES — VOCATION
DÉPART POUR LA PETITE-ŒUVRE

La vie de Simon-Pierre Devernoix fut de courte durée et toute intérieure. Dix-huit ans, couronnés par une année de noviciat, cadre assurément bien étroit. Mais le divin ouvrier a-t-il donc besoin de temps et d'espace pour enfanter les merveilles de grâce qu'il veut opérer ? Un

2

cœur généreux, humblement docile sous sa main puissante, — ce cœur fut-il celui d'un enfant, — suffit à son infinie miséricorde pour en faire un vase d'élection digne du séjour des élus.

Tel fut le jeune novice dont on va lire la vie.

Il serait impossible de faire connaître cette âme, que les anges de Dieu, nous l'espérons fermement, sont venus ravir à la terre pour l'emporter au lieu de l'éternelle félicité, si la Providence de Dieu n'y eut pourvu. Comment en effet décrire les sentiments d'un cœur tout embrasé du plus pur amour ? Les choses intimes ne peuvent bien s'exprimer que par ceux qui les ressentent.

Heureusement, le Cœur de Jésus a inspiré à son jeune serviteur d'écrire au jour le jour tout ce qu'il opérait dans son âme, afin d'en conserver plus facilement le souvenir. Ces notes, prises au courant de la plume, auxquelles on a ajouté quelques extraits de lettres écrites par lui à sa famille, formeront le fond de cette notice.

Ouvrons donc le précieux journal et laissons le cher enfant nous parler lui-même.

« Je naquis le 28 octobre 1877, à Arconsat, petit village près de la gare de Chabreloche et à 18 kilomètres de Thiers (Puy-de-Dôme). Je fus baptisé le lendemain : c'était un dimanche et l'on célébrait le Patronage de la très Sainte Vierge, ma bonne Mère du ciel. Le sacrement de baptême me fut administré entre le premier et le second coup de la grand'messe, ce qui faisait dire à mon père que j'étais prédestiné à devenir prêtre.

« On me nomma Simon, parce que j'étais né le jour de la fête de ce saint apôtre, et mon parrain se nommant Pierre voulut que, selon l'usage, je portâsse son nom. Comme le prince des apôtres, je fus donc appelé Simon-Pierre. De plus mon père a reçu au baptême le nom de Jean, comme se nommait le père de St-Pierre. (*Tu es Bar-Jona*). Son père fut un pauvre pêcheur, le mien un pauvre ouvrier; comme à lui, la voix du Seigneur s'est fait entendre à mon oreille d'une manière merveilleuse ; comme lui, hélas ! après avoir été appelé à l'apostolat, j'ai eu le malheur d'offenser mon Dieu ; comme à lui, le tout miséricordieux Sauveur m'a fait la grâce de me repentir ; de plus, il a voulu m'appeler au noviciat pour y apprendre à l'aimer et à le suivre plus généreusement ; enfin comme lui, ô mon doux Jésus, (oserai-je le demander ?) faites que je puisse donner mon sang, ou, du moins, dépenser ma vie pour vous, ô Jésus !... ô mon Jésus ! »

La mère de Pierre était une femme de foi, elle élevait son enfant dans la crainte de Dieu. Lorsqu'il eût atteint sa neuvième année, il fut admis à l'honneur de servir à l'autel. Il aimait les offices sacrés et s'y rendait toujours avec bonheur ; il les suivait avec un attrait qui lui facilitait l'accomplissement de ses modestes fonctions.

« Les offices religieux m'attiraient plus que les enfants de mon âge, et je me souviens d'un temps où j'allais le soir, à la tombée de la nuit, réciter mon chapelet devant l'autel de la Vierge *noire*, pour laquelle j'ai toujours eu la plus grande vénération et une absolue confiance.

O Marie ! ô ma Mère ! c'est vous qui m'avez toujours soutenu au milieu de toutes mes difficultés. »

Le jeune enfant de chœur entendait déjà les premiers appels de Dieu et se sentait doucement incliné vers le sacerdoce et l'apostolat.

La vue du prêtre qui fait chaque jour descendre entre ses mains sacrées le Dieu du ciel ; le désir de communier tous les jours ; la lecture des *Annales de la Propagation de la foi* avec leurs émouvants récits de conversion d'infidèles, de martyres de missionnaires ; la pensée de se voir prêtre un jour, de pouvoir travailler comme les apôtres, à la conversion des âmes, tout cela remuait profondément cette âme candide. Il en ressentait une joie douce et profonde qui le portait vers le sacerdoce.

Le 18 avril 1888, il fit sa première communion. Dans quelles dispositions ? Que se passa-t-il entre Jésus et cette âme d'enfant ?... Le journal n'en dit rien, mais il est facile de le conjecturer. Dès lors toutes ses aspirations vers le sacerdoce devinrent plus pressantes.

Un grave problème, cependant, se posait dans son esprit, et ce problème, il le trouvait insoluble.

« Devenir prêtre ! Comment ? Il faut beaucoup d'argent et je n'en ai pas ; il faut de grandes études ; où aller ? qui m'aidera ? » Le cher enfant ne savait que répondre, et découragé, n'osait plus nourrir en son cœur une si douce espérance.

« Mais ô Marie ! ô ma Mère ! vous vîntes encore à mon secours ! »

Un prêtre zélé, le curé de la paroisse, veillait sur tous ses enfants. Il avait discerné la piété de l'enfant de chœur, son grand attrait pour les cérémonies saintes, il crut y découvrir les germes d'une vocation naissante. Un jour donc, il lui dit, par mode de conversation : « Et toi, petit Pierre, que veux-tu devenir ? » Tout tremblant d'émotion, le pauvre enfant ne sait que répondre à cette question imprévue. Il se trouble, et, le visage tout empourpré, il lève timidement les yeux vers le saint prêtre qui lit sa pensée dans son regard. De nouvelles et plus pressantes questions viennent en aide au cher enfant qui dit simplement : « Je voudrais bien être prêtre. »

« C'était fait, ajoute-t-il dans son journal, Jésus m'avait dit de quitter *ma barque et mes filets*, c'est-à-dire mon pays, ma famille, tout ce que j'avais de plus cher. »

Monsieur l'abbé Colomb, alors curé d'Arconsat, était un prêtre plein de zèle, « de grand sens et prudent », dit le journal Il éprouva la vocation de son jeune paroissien. Quand il eut reconnu l'appel de Dieu, il chercha pour le petit Pierre une maison où l'enfant put faire ses études et se former selon son attrait.

La Petite-Œuvre du Sacré-Cœur lui était connue, il savait qu'à Issoudun les missionnaires du Sacré Cœur reçoivent des enfants pauvres et les élèvent en vue du sacerdoce et de l'apostolat ; il écrivit donc au Directeur.

« Un jour Monsieur le curé me montra une lettre qu'il envoyait à Issoudun. — Issoudun ! Où pouvait donc se trouver cette ville ? Qu'étaient les missionnaires du Sacré-

Cœur auxquels la lettre était adressée ? Il y a six ans, personne dans mon village n'avait entendu parler ni d'Issoudun, ni de la Congrégation des Missionnaires, ni de Notre-Dame du Sacré-Cœur. Enfin on me dit que ce n'était pas très loin, que j'y pourrais faire mes études et devenir Missionnaire ! C'était assez pour moi. »

La réponse du directeur fut favorable : sur les bonnes recommandations de Monsieur le curé, Pierre était accepté.

« Sous les auspices de Marie, l'affaire avait marché, dit simplement le journal ; en quelques mois tout fut réglé, et le 28 juillet 1888, je partais pour Issoudun au milieu des larmes de mon cher père et de ma mère bien-aimée »

Pierre aimait tendrement ses pieux parents. Nous en avons bien des preuves dans ses lettres et dans son journal. Les quitter pour ne plus les revoir qu'en de rares circonstances fut pour lui un héroïque sacrifice. Il le fit généreusement pour répondre à la voix qui l'appelait.

CHAPITRE II

A LA PETITE-ŒUVRE

Le même jour il arrivait à Issoudun tout ému de ce qu'il voyait et entendait. Le voilà à la Petite-Œuvre.

Généralement on ne s'ennuie pas à la Petite-Œuvre. L'enfant nouvellement arrivé est confié à l'un des anciens qu'on nomme *son ange*, parce qu'il a pour mission d'accoutumer le nouveau venu, de l'instruire sur ce qu'il doit faire, de le conduire par toute la maison pour la lui faire connaître, de le mettre en bons rapports avec ses nouveaux frères.

La Petite-Œuvre est une famille. Il n'y a pas de *maîtres.* Les professeurs, les directeurs sont des pères dans toute l'acception du mot. A la Petite Œuvre on travaille et beaucoup, les études devant s'y faire en six années : le travail forme et développe l'intelligence ; on y prie : la prière, les pieuses cérémonies ouvrent le cœur aux nobles sentiments, à la vertu; on s'y amuse, on joue, et avec ardeur, pour se délasser du travail, pour aider le développement des forces physiques, pour entretenir une douce et sainte joie. On est joyeux à la Petite-Œuvre: tous ceux qui ont vécu de sa vie le savent et ne l'oublient pas, même quand ils ont dû la quitter pour se faire une position dans le monde.

Pierre s'accoutuma vite. Il avait retrouvé une famille, de beaux offices plus imposants encore que ceux de sa paroisse, et il y remplissait à son tour sa fonction d'enfant de chœur ; il pouvait étudier pour devenir prêtre.

Que fut il pendant ses six années de laborieuses études ? Son journal passe rapidement sur ce temps, tout un siècle dans une vie d'écolier, pour arriver au jour si longtemps et si ardemment désiré, celui de son entrée au noviciat. « Enfin, dit il, j'entrai le 8 octobre 1894, à ce cher noviciat des missionnaires du Sacré-Cœur que j'avais si vivement souhaité pendant six longues années. »

De ces six années, Pierre n'a retenu que deux choses : « Dans mes basses classes, dit-il, selon le mot de mon professeur de sixième, je fus un *diablotin charmant*... oui, c'est à peu près cela, moins charmant. »

Le mot était juste, caractéristique. Le cher enfant était vif, assez turbulent même, très prompt dans ses saillies, toujours de bonne humeur, d'une intelligence ouverte et facile ; un élève, en un mot, qui mettait la vie et l'entrain dans la classe, aussi bien que dans les jeux.

Il ajoute presqu'aussitôt : « Je fis *pester* plus d'une fois mes Pères, si bons, si pleins de sollicitude pour moi. Ah !

maintenant que je comprends ce que je leur ai coûté, je voudrais bien ne leur avoir pas fait tant de peine. Mais enfin... c'est comme cela les enfants : — beaucoup de cœur, pas de tête. — Je veux rendre au centuple à ces bons Pères ce qu'ils ont fait pour moi. Je le puis par la prière qui vaut mieux que tout le reste. »

Assurément tout ne fut pas parfait dans cette vie d'écolier. Il s'y rencontra bien quelques jours moins bons ; alors le combat était rude ; la défaite s'en suivait parfois, mais elle était promptement suivie du repentir qui purifie et réconforte. Une bonne confession, une fervente communion rendait la sérénité et le courage à cette âme d'enfant, fermement résolue à ne vivre que pour Dieu. On peut dire cependant que Pierre fut un bon élève, sous tous les rapports, sans se distinguer de ses condisciples, au dehors, par des qualités extraordinaires.

Ses compagnons d'étude savaient l'apprécier. Je transcris ce que m'a communiqué l'un d'eux au nom de plusieurs autres, depuis la mort du Frère tant regretté. « Depuis que nous avons connu le F. Devernoix, nous l'avons toujours vu ferme et inébranlable dans sa vocation.

« Durant ses études scolaires, alors que rien ne le distinguait de ses condisciples, si ce n'est son caractère vif et ardent et son esprit pétillant, nous pouvons certifier qu'il nous a toujours édifié par sa foi vive dans ses communions. Sa tenue recueillie pendant ses actions de grâces, nous montrait à l'évidence que son cœur était ravi par la présence de Jésus, le vrai pain du ciel !

« Son bon cœur était connu de tous. J'ai vécu sept années à ses côtés, et je puis certifier que je n'ai jamais remarqué en lui la moindre trace d'égoïsme. Il était très sensible aux plus minimes témoignages d'affection ; il savait prendre sa part des joies et des tristesses de ses confrères ; le bien qu'on lui faisait ne passait jamais inaperçu

« Il marchait aisément sur les traces des bons élèves. Souvent il louait leurs qualités ; jamais on ne l'a surpris approuvant le mal, mais il savait facilement trouver une excuse pour ceux qui s'y laissaient entraîner.

« Son affection pour la Société était vive et profonde, il ne parlait jamais de notre vénéré Père Supérieur général qu'avec un profond respect et une grande effusion de cœur.

« Avant d'entrer au noviciat, il avait manifesté à l'un de ses condisciples, son désir bien vif de réussir aux épreuves du baccalauréat, uniquement pour témoigner sa reconnaissance à la Petite-Œuvre, à laquelle il devait tant. « Ce serait, disait-il, un *bon merci*, bien justement donné à cette bien-aimée Petite-Œuvre pour toute sa sollicitude et ses soins à mon égard. »

Ce *bon merci* a été donné avec grande simplicité et grande joie. Le candidat a mérité son diplôme. Jamais, ni lui ni ses autres confrères, qui ont partagé ses succès, ne s'en sont prévalus Ils en ont rapporté toute la gloire à Dieu et à Marie leur bonne Mère ; ils ne s'en sont réjouis que par amour pour la Petite-Œuvre.

Le court mémoire des condisciples termine sa vie à la Petite-Œuvre par cette réflexion toute d'à propos : « Tous ces traits caractéristiques d'un bon cœur et d'une âme vertueuse témoignent en faveur de notre Frère défunt. Ces heureuses dispositions se développèrent d'une manière remarquable pendant l'année du noviciat. Là, tous ses confrères l'attestent, il fut un modèle. Quand il eut entrevu la sublime beauté de la véritable perfection, il l'aima avec passion et il la poursuivit sans relâche jusqu'au dernier jour de sa vie. Nous, qui l'avons vu à l'œuvre pendant toute l'année, nous sommes convaincus qu'il n'a rien négligé pour en atteindre les hauts sommets. La mort n'a fait que délivrer sa belle âme que Dieu voulait nous ravir, pour la plonger dans l'océan des éternelles félicités. »

CHAPITRE III

LES PREMIERS MOIS DU NOVICIAT

Après la rhétorique et l'examen du baccalauréat, ainsi qu'il est d'usage à la Petite-Œuvre, Pierre alla visiter sa famille.

Grande joie pour tous !

Six années s'étaient écoulées depuis le départ de la maison paternelle. Pierre l'avait quittée tout enfant, il y revenait jeune homme. On peut concevoir les douces impressions, les vifs sentiments qui se pressaient et se succédaient en son âme, en revoyant, après une si longue absence, son père et sa mère si tendrement aimés, sa sœur grandie ! Il retrouvait la vieille église, où, enfant de chœur, il aimait tant à servir le prêtre à l'autel ; la table sainte, où il avait communié pour la première fois, où l'appel divin s'était fait entendre ; la *Vierge noire*, devant laquelle il avait tant prié. — Le journal du novice se tait sur toutes ces choses intimes ; il ne dit rien non plus du départ, de la nouvelle séparation, ni des sacrifices alors accomplis.

Il faut respecter ce silence.

Le 8 octobre, il entrait en retraite pour se préparer au nouveau genre de vie vers lequel le portaient ses désirs. Il en sortait le 17, jour de la fête de la Bienheureuse Marguerite-Marie, sous le patronage de laquelle commençait son postulat. Un mois devait s'écouler avant qu'il fut admis à prendre le saint habit et devenir régulièrement novice.

De ce mois de postulat, Pierre ne dit qu'une chose, qui laisse entrevoir déjà ses ferventes dispositions et sa résolution de passer saintement le temps de sa formation religieuse : « Marguerite-Marie fut la première apôtre du Cœur de Jésus ! Avec elle et comme elle, je veux m'immoler sans réserve au service de ce divin Cœur en entrant définitivement au noviciat. »

La prise d'habit avait été fixée au 11 novembre, fête de saint Martin, archevêque de Tours. Pierre s'y prépara, avec ses confrères, par un jour de pieuse récollection. Ce jour-là même il écrivait en tête de son journal :

10 novembre. — J'entreprends ce petit journal pour marquer, jour par jour, les divers événements de cette année et les bonnes pensées que le bon Jésus m'inspirera durant mon noviciat, afin que plus tard je puisse les relire ; ce qui ne me présentera pas un médiocre intérêt. Je verrai ainsi les grâces que ce doux Sauveur m'aura accordées ; et, les connaissant, je pourrai toute ma vie en remercier son divin Cœur. »

« *11 novembre.* — Enfin, me voilà revêtu de la livrée du Sacré-Cœur ! Merci, ô mon Jésus, mille fois merci ! Je l'ai reçu ce saint habit que je désirais si ardemment et depuis si longtemps. O Jésus, je vous en bénirai tous les jours de ma vie ! »

La pensée du cher Frère le transportant tout d'un bond, près de sa famille, qui occupe une si grande place en son cœur, il ajoute : « Oh ! que mes bien-aimés parents seraient contents s'ils savaient, pour midi, que je suis revêtu de la soutane ! O mon bon ange, portez-leur cette bonne nouvelle. C'est aujourd'hui qu'ils changent de demeure, ces chers parents, et ils ne se doutent pas que je change, moi aussi, les vêtements du siècle pour la glorieuse livrée du bon Dieu. »

Puis revenant, sans transition, à la fête que l'église célébrait, et faisant allusion au jour de sa naissance et à son nom : « Encore la fête d'un apôtre, saint Martin, évêque de Tours, le grand thaumaturge, l'apôtre des Gaules ! Vous voulez, ô Jésus, me montrer, en toute évidence, que je suis né pour être votre missionnaire. O mon Jésus ! je suis prêt ; à vous mon corps, mon âme, mon cœur, mon sang, ma vie entière. Oui ! mon bon Maitre, je veux tout remettre dans votre Cœur sacré ; je vous en constitue le gardien. Si jamais je venais à vouloir les reprendre, dites-moi, ô Jésus : c'est trop tard, tu m'as tout donné, tout m'appartient sans retour...

O mon Dieu ! Je sens que tout mon être tressaille d'allégresse. J'ai dix-sept ans ! Dix-sept ans, l'âge des passions, des ardeurs juvéniles, des « longs espoirs », comme parle Bossuet (1), l'âge où l'on devient pour jamais bon ou mauvais, l'âge qui, pour beaucoup, est le commencement de l'éternel bonheur ou de l'éternel malheur. Mon bon Maître, faites-moi la grâce de vous suivre toujours ; guidez mon esprit, mon intelligence et mon cœur..... O mon Jésus ! enivrez-moi toujours de la joie si douce dont vous m'avez enivré pendant cette solennité sainte ; mon cœur était si ardent ! Il battait si bien, il me semble, à l'unisson du vôtre. O mon Jésus ! O mon Jésus ! Je ne sais et ne voudrais que répéter votre nom béni, qui parle si doux à mon cœur ! »

Le lendemain, il écrivait encore sous la même impression :

« C'est aujourd'hui le premier jour que je passe entier étant vraiment novice et pendant ce premier jour je suis *réparateur !* »

On nomme réparateur au noviciat celui qui est chargé, au nom de toute la communauté, de compenser, par ses hommages, les ingratitudes, les outrages, les mépris dont le Cœur de Jésus a été abreuvé, et dont il est encore l'objet, surtout dans le très saint Sacrement. Chaque jour, à tour de rôle, un novice reçoit, du réparateur de la veille, une statuette du Sacré-Cœur, qui doit lui rappeler sa

(1) Le cher novice, par une légère erreur, attribue à Bossuet, ce qui revient à La Fontaine.

pieuse fonction, et, aussi un petit livret lui indiquant ses devoirs. Il offre à cette intention toutes ses actions, ses sacrifices, ses mortifications et s'efforce de passer la journée avec plus de ferveur. C'est le *Culte perpétuel du Sacré-Cœur*, très en honneur dans toutes les maisons de la congrégation (1). Les novices trouvent dans ce saint exercice un solide aliment à leur piété.

Mais laissons dire notre cher Frère : « Je suis réparateur ! Vous voulez donc, mon Jésus, que mon noviciat se passe à réparer les outrages qui vous sont faits. Eh bien! ô mon Jésus, j'y consens !... Prenez-moi ; je vous offre ma vie à cette fin. Immolez-moi tout entier à votre bon plaisir. »

Mgr Verjus, évêque de Limyre et premier apôtre de la Nouvelle-Guinée, mort le 13 novembre 1892, a laissé, parmi les nôtres, une grande réputation de sainteté. Nos novices, toujours à la recherche de ce qui peut les édifier, lisent avec admiration et réel profit les chapitres de sa vie publiés dans les *Annales* de Notre-Dame du Sacré-Cœur. Ils demandent souvent quand viendra l'heureux jour où l'auteur de cette vie, ayant terminé son œuvre, si magistralement écrite, réunira enfin, en un beau volume, tous ces chapitres épars ? Les amis de Mgr Verjus le désirent non moins vivement, et ils sont nombreux.

(1) Une petite notice sur le Culte perpétuel a été publiée par les Missionnaires du Sacré-Cœur. On la trouve au Secrétariat du Pèlerinage de Notre-Dame du Sacré-Cœur, à Issoudun.

Le Frère Devernoix avait pris pour modèle ce premier apôtre de la Nouvelle-Guinée ; comme lui, il n'aspirait qu'aux missions ; avec lui, il eût voulu tout faire, tout souffrir pour convertir les pauvres sauvages. « *Treize novembre*, écrit-il dans son journal, anniversaire de la mort de Mgr Verjus. Puisse-je devenir un saint comme lui ! N'a-t-il pas été un enfant de la Petite-Œuvre comme moi ? Il a fait un si fervent noviciat : ô Monseigneur Verjus ! obtenez-moi de passer un aussi saint noviciat que le vôtre. »

Ce n'était pas là de vaines paroles, ni des résolutions éphémères. Ce que le cher Frère écrivait, il le désirait ardemment, il travaillait énergiquement à le réaliser. Toutefois, les difficultés ne manquaient pas. Le combat devenait rude parfois ; parfois aussi la faiblesse de la nature reprenait le dessus et il tombait dans quelque infidélité. En ce jeune novice, comme en nous tous, comme dans les saints eux mêmes, il y avait une terrible lutte entre l'homme selon la grâce et celui de la nature. Lui aussi sentait en lui ces deux hommes dont parle saint Paul, et, comme ce grand saint, il voyait le bien et l'approuvait et il le voulait fortement, et, malgré cela, il se sentait glisser sur la pente du mal. Alors sa douleur s'exhalait en de vives et humbles paroles. Il pleurait amèrement sa faiblesse et l'expiait par de nombreux actes de pénitence.

« Misérable que je suis, écrivait-il le 18 novembre. Ce n'était donc pas assez, ô mon Dieu, de vous avoir tant et si longtemps offensé. Fallait-il donc après que vous m'avez tant pardonné, retomber dans mes mêmes fautes !... O mon Jésus, je vous en conjure par le sang précieux que vous avez si miséricordieusement répandu sur la croix pour moi ; je vous en supplie par ce témoignage de David votre serviteur : *Vous ne mépriserez pas un cœur contrit et humilié* ; rendez-moi la lumière au milieu des ténèbres qui m'enveloppent. C'est à peine, ô Jésus, si j'ose prononcer votre nom béni. O mon doux Jésus, vous savez que je ne veux pas vous offenser. O Maître tout miséricordieux, faites-moi bien comprendre toute l'étendue de mon malheur ; c'est l'esprit des ténèbres qui m'aveugle ! Il faut que j'aille au plus vite montrer toutes ces plaies hideuses à votre ministre, ô mon Jésus, pour les faire guérir par votre miséricordieuse bonté. Jamais pécheur vous a-t-il aussi souvent offensé ! Je suis brisé, anéanti sous le poids de mes iniquités ; je sèche d'épouvante au souvenir des rigueurs de vos terribles jugements. O Jésus ! n'éteignez pas la mèche qui fume encore ; souvenez-vous que vous avez promis de ne pas délaisser le cœur contrit et humilié. Ah ! que désormais je répare mes ingratitudes par une vie exemplaire ! »

Tout coopère à l'avancement de ceux qui aiment Dieu, même les péchés, a dit quelque part saint Augustin. Le Frère Devernoix, après cette faute, reprit sa course avec une ardeur renouvelée par la pénitence ; il en conçut une plus grande défiance de lui-même. Le cœur contrit et humilié, il veilla davantage sur les mouvements de son cœur et se remit avec plus d'application aux saints exercices du noviciat.

Trois jours après, la sainte Eglise célébrait la fête de la présentation de la très sainte Vierge au Temple, et il pouvait écrire : « Enfin, aujourd'hui, délivré des derniers restes du péché, je me suis présenté à ma divine Mère, comme elle-même s'est présentée au Temple, et je lui ai fait donation pleine et entière de mon cœur. Oh ! comme il fait bon, après avoir tout donné à Dieu, de se reposer entièrement en lui, et sur le cœur de sa Mère ! O douce Vierge Marie, ne permettez plus que j'aie le malheur de jamais perdre le précieux trésor de la grâce. Le péché me l'avait ravi et vous me l'avez rendu. Soyez mille fois bénie, ô vous la très puissante avocate des pécheurs et leur refuge assuré. »

CHAPITRE IV

PROFIT QUE LE FRÈRE SAIT RETIRER DE LA CÉLEBRATION DES FÊTES DES SAINTS ET DES MYSTÈRES

Abeille industrieuse, le fervent novice sait extraire, de toutes les fleurs de la liturgie, le miel exquis de la dévotion ; il en nourrit son âme. C'est pour lui une source féconde de saintes joies. La méditation et l'étude des mystéres sacrés éclairent de vives lumiérés son intelligence et embrasent son cœur des pures flammes de la divine charité. Chaque fête de la sainte Eglise, chaque anniversaire des saints fournissent un nouvel aliment à sa piété. Manne sacrée, qu'il recueille le matin avant le lever du soleil, et dont il se nourrit par la méditation. Comme la manne du désert, elle prend tous les goûts selon les dispositions, les habitudes, les tendances d'esprit de chacun.

Le Frère Devernoix, dont l'esprit pénétrant cherchait

toujours la raison des choses, puisait dans la considération des mystères les sérieuses et fortes pensées, celles surtout qui pouvaient lui faire mieux comprendre les mérites de l'apostolat. Au jour de la fête de saint André, il écrit : « Quel beau type d'apôtre ! Il sait, lui, qu'il faut souffrir le plus possible afin de mériter une plus grande gloire au ciel. » Et, tout enivré de l'amour de la croix, il rappelle les paroles du saint apôtre à la vue du gibet qui lui était préparé : — « O bonne croix qui avez été glorifiée « par les membres sacrés de mon Sauveur ; croix si long- « temps désirée, si tendrement aimée, recherchée avec « tant d'ardeur, vous êtes enfin préparée selon mes désirs. « Recevez-moi des mains des hommes pour me remettre « entre celles de mon Dieu ; que par vous me reçoive celui « qui m'a racheté par vous ! » — « Cri sublime, ajoute le cher Frère, que je voudrais pouvoir prononcer un jour devant les *Kanacks*. O Jésus ! vous lisez au plus profond de mon cœur ; exaucez mes plus chers désirs ! »

La fête de saint François-Xavier, le grand apôtre des Indes, lui inspirait les mêmes réflexions. Il admire, dans ce saint, le pénitent, l'apôtre incomparable, le thaumaturge, puis il s'écrie : « Oh ! oui ! que je médite bien, moi aussi, l'enseignement de mon Sauveur ! *Que sert à l'homme de gagner l'univers, s'il vient à perdre son âme ?*

« Grand saint François-Xavier, obtenez-moi la grâce de bien comprendre la profondeur de cette parole ? A quoi me servira d'avoir donné satisfaction à telle ou telle vanité, lorsque mon âme quittera ce bas monde ? Mais enfin qu'y a-t-il donc qui puisse m'attacher à cette terre ? qui puisse me captiver ?... Désormais ma règle sera : *Souffrir le plus possible afin d'accroître le plus possible la gloire de Dieu et son règne.* » Lui-même soulignait deux fois cette résolution.

Vers ce même temps, mourait un vieux serviteur de la maison, bien connu de tous par sa grande piété, son assiduité à la messe de chaque jour et aux autres offices. On le voyait les dimanches et les fêtes s'approcher de la table sainte avec grande foi pour y recevoir le pain des anges. Au moment où il se mettait à table pour prendre son repas, cet excellent chrétien était frappé de mort.

Le pieux novice profita de cet événement pour méditer la vanité des choses de ce monde : « L'homme n'est donc rien. Eh quoi ! mourir au moment même où l'on porte un morceau à sa bouche !.. O fragilité des choses humaines !.. Et qui pourrait me dire le genre de mort qui m'attend ? La mort la meilleure, si je ne me trompe, est bien celle du missionnaire qui fait toutes ses actions pour la plus grande gloire de Dieu. »

Il se reproche alors les moindres infidélités et les moindres imperfections de sa vie ; puis, renouvelant sa résolution de souffrir le plus possible pour mériter une plus riche récompense, il ajoute : « Et où puis-je souffrir plus rudement et plus brièvement que dans les missions ?.. La fièvre presque sans relâche... pas de nourriture... des chaleurs excessives suivies de pluies torrentielles... des chemins impraticables... des sauvages perfides... pas de prêtres pour décharger son âme... pas de lettres des amis d'Europe... Et cela pendant cinq ans, dix ans... Voilà le sort que j'envie ; voilà le chemin qu'a suivi Notre-Seigneur ; le vrai chemin royal de la croix au bout duquel on arrive au ciel... O mon Jésus! donnez-moi la patience, l'humilité, la persévérance !... le martyre. O Jésus ! faites de votre méchant petit esclave un apôtre ; mais un apôtre d'élite ! »

Assurément le tableau des missions est chargé, beaucoup trop chargé. Si toutes les souffrances décrites ici s'y rencontrent, elles ne se présentent pas toutes ensemble, ni sans interruption. Mais cette exagération elle-même n'en montre que mieux l'héroïsme des sentiments, des aspirations de ce jeune novice de dix-sept ans.

Le même jour, il écrivait encore : « Aujourd'hui, notre cher Frère B... a fait ses vœux de trois ans. Tout donner à Jésus pour tout recevoir : quel heureux sort !... Tout donner ?.. Mais, nous ne possédons rien. Oui, répond saint Grégoire, mais on donne beaucoup quand on donne tout ce que l'on a. O quel bonheur d'être tout à Dieu !... Et puis, quelle heureuse journée je viens de passer ! O Jésus ! faites que je vous aime toujours comme aujourd'hui et davantage encore ! Quelles délices d'épancher son âme aux pieds du divin Roi exposé à nos adorations sur l'autel ! Oh ! qu'il est doux d'aimer Jésus !.. Et puis ma divine Mère ne m'a-t-elle pas obtenu la grâce que je lui demandais ! Merci ! O Mère Immaculée ! Mille et mille fois merci ! Conservez mon âme dans la paix profonde que vous m'avez obtenue. »

Ces notes rapides que je transcris n'étaient pas l'expression de sentiments éphémères, comme des éclairs dans un ciel sombre, chargé d'épais nuages ; elles rendent fidèlement, au contraire, l'état d'âme du fervent novice. Ce qu'il écrivait au jour le jour, il le voulait sérieusement, il le pratiquait avec générosité, autant que cela lui était possible.

Avare de son temps, il l'employait tout entier aux travaux prescrits par la règle, sans rien en distraire pour se livrer à des occupations plus agréables. Il aimait par goût les travaux intellectuels, les études l'attiraient et il y réussissait: les nombreux cahiers de notes, d'analyses, de compositions, qu'il a laissés, en font foi ; cependant, si ses supérieurs l'appliquaient à des emplois humbles, aux travaux manuels, soit de propreté de la maison, soit de la cuisine ou du jardin, on le voyait aussi appliqué, aussi recueilli que dans ses autres exercices. Il n'en témoignait aucune répugnance, bien que, naturellement, il dut se faire violence pour obéir.

La volonté de Dieu, manifestée par la règle et les ordres des supérieurs, dirigeait tous ses actes. Il accomplissait toutes choses avec calme, avec entrain et joyeusement, comme chose due ; l'amour du devoir le conduisait en tout. Il avait pour maxime que *Dieu aime celui qui donne avec joie.* Il était convaincu qu'un novice triste était un triste novice. Aussi s'efforçait-il d'entretenir en lui-même et, avec ses frères, une sainte et expansive gaieté. Dans les heures de délassement, ses conversations aimables et joyeuses, pleines de traits d'esprit et d'une tournure originale, étaient recherchées. Il ne dédaignait pas les historiettes, les innocentes plaisanteries. Cependant peu à peu le discours s'élevait et volontiers il s'entretenait de sujets sérieux. Il posait même assez fréquemment à ses Pères des questions ardues de spiritualité, de théologie, d'histoire qui le préoccupaient et qu'il ne savait résoudre. De toutes choses il savait retirer profit pour son âme.

Un jour on parlait en récréation de la démission de Casimir-Périer et de l'élection de son successeur. Chacun avait son petit commentaire et ses réflexions, lui s'écrie : « En attendant, cette démission ne prouve pas qu'on soit si bien que cela dans les honneurs ! La fortune fait payer bien cher les faveurs qu'elle semble donner. C'est bien plus simple d'être petit novice ! »

Dans une autre circonstance, l'on s'entretenait de saints désirs, de leurs avantages, des mérites qu'ils font acquérir ; il en tirait cette conséquence qu'il devait fréquemment désirer le martyre et le demander souvent dans la journée.

Il faut laisser ses Frères dire eux-mêmes ce qu'ils ont observé à ce sujet. « Ce cher confrère, disent-ils dans leurs notes, aimait à s'entretenir de choses sérieuses, ou du moins à unir les paroles édifiantes aux paroles de délassement. Nous en sommes venus, nous ses frères de noviciat, à parler volontiers de Dieu et des choses saintes, dans nos récréations. Les pieuses conversations nous étaient familières. Le cher Frère, qui nous a quittés, a contribué pour sa grande part à cette excellente habitude. Il savait, sans même qu'on s'en doutât, élever peu à peu la conversation de ceux qui l'entouraient et l'amener vers le sujet de ses préférences.

« Son amour pour Notre-Seigneur était si ardent que jamais il ne se lassait d'en parler. Avec saint Bernard, il pouvait dire, qu'aucun discours ne lui plaisait, s'il n'y entendait le nom de Jésus. La pensée de ce doux Sauveur adolescent remuait profondément son cœur et l'enflammait d'amour. « Oh ! disait-il un jour, je voudrais pouvoir contempler une belle peinture de Jésus à l'âge de vingt ans. Il me semble qu'elle ferait grand bien à mon âme.

« Les mystères de la vie cachée, ceux des souffrances et des humiliations de notre divin Rédempteur lui étaient amiliers ; il en parlait avec tant d'onction que nous en étions vivement émus. L'ingratitude des juifs et surtout celle de tous les pécheurs, lui inspirait une véritable horreur et soulevait son indignation ; il eut voulu venger son Sauveur, si indignement outragé, et pouvoir réparer toutes ces ingratitudes, en s'immolant sans réserve à l'amour de son Jésus.

« Pour moi, ajoute le rédacteur des notes, en écoutant ses discours enflammés, en le voyant si amoureux de Jésus, je rougissais en moi-même et je me sentais entraîné a imiter ce cher confrère. — Mon Dieu, rendez-lui au centuple, dans votre paradis, le bien qu'il a fait à mon âme ! »

Il n'y a plus lieu de s'étonner après cela si ce cher Frère se portait avec ardeur aux exercices de la pénitence. Il eut voulu « réduire à néant, comme il le disait dans son journal, ce corps de boue, instrument de tant d'iniquités, pour venger Jésus de si sanglants outrages. »

Le dernier jour de l'année, il obtient, après de vives instances, la permission de se donner une discipline extraordinaire, ce qu'on lui refusait souvent. « O Jésus! s'écrie-t-il, ce que j'ai été content de pouvoir faire ce petit rien pour vous !... La bête en a pâti ; elle en a saigné ; mais, ô Jésus, vous étiez vengé de tant d'offenses que par elle je vous ai prodiguées. »

Ainsi se termina l'année 1894.

CHAPITRE V

1895 ! ANNÉE DE MON NOVICIAT ! ANNÉE DE MON ÉTERNITÉ !

Le cher Frère lui-même nomme ainsi l'année qui sera pour lui la fin de cette vie mortelle. Assurément, il n'avait pas dans la pensée le sens strict du mot dont il se servait. Non, il ne savait pas que cette année, qu'il nommait l'année de son éternité, dût être pour lui la dernière sur cette terre. Mais n'y a-t-il pas dans cette expression une sorte de pressentiment inconscient, comme un avertissement voilé de l'Esprit-Saint ? Cela n'est pas improbable. Les âmes ferventes reçoivent parfois des impressions vives, des lumières qui leur désignent le chemin qu'elles doivent suivre et le terme où elles aboutiront. Elles ne comprennent pas toujours la portée des expressions dont elles font usage, mais elles s'engagent dans la voie qui leur est montrée, elles coopèrent à la grâce, elles suivent l'impulsion qui les presse : ainsi elles marchent avec assurance vers le but où l'Esprit de Dieu les conduit.

Le 1er janvier, le Frère Devernoix écrivait donc : « 1895 ! Voilà une date mémorable dans ma vie ; je dois me la rappeler tous les jours dans la suite ; une date inoubliable : L'ANNÉE DE MON NOVICIAT ! L'ANNÉE DE MON ÉTERNITÉ !!! »

Les majuscules se trouvent sur le journal et aussi les points d'exclamation : je ne fais que transcrire. Le cher Frère, comme s'il était effrayé de la hardiesse de son expression, continue : « Ai-je bien dit ? L'année de mon éternité !... L'année de mon éternité, quelle parole ! Quelle source de sérieuses réflexions ! A vrai dire, je ne croyais pas, à dix-sept ans, pouvoir prononcer une parole aussi profonde, aussi pleine de salutaires instructions. Et pourtant c'est bien cela. « L'année de mon noviciat est bien l'année de mon éternité ! De cette année dépend en effet ma perte ou mon salut éternel.

« Il n'y a pas là ! c'est bien l'année de mon éternité. Que s'en suit-il ? Que je dois la passer lâchement, afin d'être bien assuré de me perdre éternellement !...

« MOI, JE VEUX ME SAUVER !!!...

« Alors, pourquoi vivre lâchement ? Pourquoi rompre le silence ? Ne pas garder la modestie des yeux et des paroles ? Pourquoi ne pas entretenir la plus parfaite charité ? Pourquoi ce respect humain, cette fausse honte ou, pour mieux dire, cette vanité qui craint d'être froissée ? Bien dommage ! Pourvu qu'au terme j'obtienne le ciel, peu importe le reste. N'est-il pas écrit que *le royaume des cieux souffre violence* et que, seuls, *ceux qui se font violence, le ravissent* (1).

« Allons, il ne s'agit pas *de flâner !* A l'œuvre et généreusement. Demandons le bon vent de la grâce pour aller plus vite. Mais la grâce n'agit pas seule, il faut que j'y corresponde et que je mette en pratique les bonnes et saintes pensées qu'elle m'inspirera...

« Il faut que je fasse mon noviciat comme Mgr Verjus, comme saint Louis de Gonzague. Il faut que je le passe mieux que jamais personne ne l'a passé.

« Eh ! vaniteux, immonde que je suis ! je l'ai bien dit, en paroles, dès mon postulat, et pourtant je suis resté toujours aussi dissipé, aussi tête légère, aussi rien qu'auparavant.

« O mon Jésus ! aidez-moi ! »

Je n'ai pas cru devoir rien retrancher des réflexions de notre cher Frère, parce qu'elles peignent au vif la pénétration de son esprit et les dispositions de son âme. Ame ardente qui sent vivement, qui désire et veut fortement, sans se laisser décourager par les difficultés du combat.

L'existence au noviciat semble peu mouvementée, pauvre en épisodes, en faits qui charment l'imagination et nullement propre à être décrite. Cependant, quelle fécondité *de vie* en cette seule année, écoulée dans une enceinte nécessairement restreinte ; au milieu d'exercices uniformes, d'une monotonie désolante, diraient quelques esprits légers ! Le cadre est simple et sévère, il est vrai, mais

(1) *Saint Math.*, XI, 12

nul tableau ne comporte de plus vives couleurs, n'enferme de plus vastes immensités, ne représente des actions plus nobles, plus généreuses ; on y trouve la vie par excellence : la vraie vie de l'âme.

Le noviciat résume l'existence entière : la jeunesse s'y achève, l'âge mûr s'y commence. On y prépare les derniers fruits de la vieillesse ; il embrasse plus encore : toutes les perspectives du noviciat ouvrent sur l'éternité. Horizons infinis, aux profondeurs desquels l'âme du novice contemple son Dieu, lui souriant, comme un père à son enfant, et l'excitant au travail, à la lutte ; lui proposant la couronne qui l'attend et la félicité vers laquelle il aspire. Il entend sa voix lui redire sans cesse : « Courage, bon serviteur ! — Je serai moi-même ta récompense grande à l'excès. » *Ego ero merces tua magna nimis !* (1)

Comme tout fervent novice, le Frère Devernoix entendait cette voix de Dieu, il en savourait les ineffables douceurs, il lui obéissait avec une généreuse simplicité. Selon la recommandation de saint Paul (2), *le regard toujours fixé sur Jésus, l'auteur et le consommateur de notre foi*, il s'efforçait de reproduire en lui même les sentiments et les vertus de son Sauveur.

Dans cette constante disposition, il s'appliquait avec une généreuse fidélité à tous ses devoirs ; il observait scrupuleusement ses règles et ne perdait jamais un instant en des occupations vaines. Il recueillait avec un soin jaloux

(1) *Gen.*, XV, 1.
(2) *Ep. aux Héb.* XII. 2.

tout ce qui, dans les lectures, les conférences. les conversations, pouvait l'aider dans la pratique du bien, l'entretenir dans sa vocation et le préparer aux travaux du ministère apostolique.

Bien que les études proprement dites soient suspendues pendant l'année du noviciat, les novices cependant ne laissent pas pour cela de cultiver leur intelligence. L'étude et l'analyse de la *Perfection chrétienne* de Rodriguez, du *Manuel du religieux*, d'un *Manuel sur la dévotion au Cœur de Jésus*, remplissent les heures laissées libres par les divers exercices de piété. Chaque semaine, à tour de rôle, ils doivent donner une conférence à leurs confrères sur les devoirs de la vie religieuse, et un petit mot d'édification sur la sainte Vierge, expliquant pour cela une invocation des litanies de Lorette. Tous aussi ont à faire un résumé de leurs méditations de chaque jour et des conférences qui leurs sont données matin et soir. Tous enfin composent, apprennent par cœur et débitent un sermon sur un sujet déterminé. Ils exercent encore leur mémoire en apprenant par cœur le saint Evangile et les constitutions de la congrégation.

Le Frère Devernoix a été un modèle d'assiduité au travail. Il avait résolu de ne jamais perdre le temps en des inutilités ; il a tenu parole. Les nombreux écrits qu'il a laissés de son noviciat en sont la meilleure preuve. Analyses soignées et faites avec intelligence ; compositions bien conçues, bien apprises et débitées avec succès ; rédactions diverses, notes abondantes, journal quotidien, notes et journal des retraites, rédaction des méditations du jour ; tous ces divers écrits sérieux forment une somme de travail considérable, étonnant pour une seule année de noviciat. Ce travail il l'accomplissait simplement, sans se prévaloir, avec des vues de foi et par désir de se préparer à la vie apostolique ; aussi loin de nuire à la piété, ces occupations diverses servaient à l'entretenir, à la développer.

Le 20 janvier, il écrivait : « Aujourd'hui, j'ai eu le bonheur de servir à l'autel de mon Jésus. Quand on aime ce bon Jésus, comme on est heureux de le servir à la messe, de l'approcher de plus près. Je voudrais pouvoir remplir cette sainte fonction tous les jours, comme je le faisais dans mon enfance, alors que je n'en comprenais pas la douceur. »

CHAPITRE VI

COMMENT IL S'AFFERMIT DANS LA VOCATION APOSTOLIQUE

Le 25 janvier, fête de la conversion de saint Paul, il commence une neuvaine qui devra se terminer le jour de la Purification, afin de savoir, dit-il, d'une manière certaine « s'il doit être apôtre en Nouvelle-Guinée et martyr. » Il fait cette neuvaine en l'honneur de saint Paul et de Mgr Verjus.

« Avec quelle ardeur n'ai-je pas demandé ces deux grâces ? Si je suis appelé, je dois me jeter tout entier dans le Cœur de Jésus, pour ne lui rien refuser des sacrifices qu'il désire de moi. Désormais, je dois mener une vie de *foi, d'humilité, de sacrifice et de zèle des âmes,* qui me prépare à ma vie de missionnaire. Je ne ménage plus ma peau, ni cette affreuse nature corrompue, qui ne tend qu'à se révolter et qui cherche à se glisser dans tout ce que l'on fait. Ah ! si l'obéissance ne m'arrêtait, je ne sais dans quel état je réduirais ce maudit corps par lequel j'ai tant offensé mon bien-aimé Jésus ! »

Heureusement, ce cher Frère était d'une obéissance aveugle ; il savait que Jésus n'agrée pas les pénitences faites en dehors de la volonté des supérieurs, ou contre leur gré, aussi était-il fidèle à demander les permissions nécessaires. Quand il les obtenait, il s'en allait joyeux et en usait en toute confiance ; s'il éprouvait un refus, il souriait doucement et se retirait en disant tout bas : « Mon Jésus, vous connaissez mon désir. »

Le jour de la Purification, après la messe et la communion du matin, étant rentré dans la salle des exercices, il prit son Evangile, pour tirer au sort trois différents versets qui, dans sa pensée, devaient lui indiquer la volonté de Dieu, selon ses préoccupations, et pour lesquelles il avait fait sa neuvaine.

Le premier verset qu'il tira fut de l'évangile selon saint Luc au chapitre XII, v. 33 : *Vendez ce que vous avez et donnez l'aumône. Faites-vous des bourses que le temps n'use point, un trésor qui ne vous fasse pas défaut dans les cieux, où le voleur n'approche pas, où les vers ne rongent pas.*

Le second verset fut le 19e du chapitre VIe de saint Mathieu qui exprime la même pensée : *Ne vous amassez pas de trésors sur la terre, où la rouille et les vers rongent, et où les voleurs fouillent et dérobent.*

Le troisième fut le 21e du chapitre XIX du même évangéliste : *Jésus lui dit : Si tu veux être parfait, va, vends ce que tu as et donne-le aux pauvres, et tu auras un trésor dans le ciel; viens ensuite et suis-moi.*

Le cher Frère ajoute : « Notre-Seigneur répond ainsi au jeune homme qui demande à le suivre. Et moi aussi je demande à suivre Jésus et il me fait la même réponse. Voilà donc le texte béni que, saint Paul et Mgr Verjus, me donnent à méditer, pour connaître ma vocation. »

La paraphrase qu'il fait de ce texte en le méditant, donne une idée de la hauteur de pensée et de la perfection des sentiments qui le dirigent en ses résolutions. Il prend chaque parole du texte et se les applique à lui-même.

« *Si tu veux être parfait...* Et pourquoi suis-je entré en religion si ce n'est pour tendre à la perfection ? Pourquoi même ai-je reçu la vie, si ce n'est pour vivre selon la raison, et, par conséquent, suivant la loi de Dieu. Oui, je veux être parfait ! Mais où trouver en ce monde une vie plus parfaite que celle de l'apôtre, qui dépense ses forces, qui donne sa vie pour le salut des âmes ?..

« Donc, puisque je veux être parfait, je veux être missionnaire, apôtre !.. je dois et je veux être un saint.

« L'idée générale de cette parole de mon Sauveur : « Vends ce que tu as », s'applique généralement au religieux, qui renonce au monde et à ses biens trompeurs par la pauvreté.

« La sainte Vierge, en dirigeant ma main à choisir ce

texte, me fait clairement comprendre que *je dois être un saint* et que pour le devenir je dois surtout pratiquer la *pauvreté.*

« Ce sera désormais ma vertu favorite et bien-aimée.

« VA, me dites-vous, ô Jésus. — Mais, où donc, ô bon « Sauveur? — Va, ô mon enfant, va où je te conduirai. « Va dans ces pays lointains où gémit, sous le joug de « Satan, un peuple qui ne me connaît pas et qui aspire à « la délivrance. Oui, va... C'est toi, frêle et chétif, que « je choisis pour t'envoyer là-bas, pour y souffrir et y « mourir. »

« VENDS CE QUE TU POSSÈDES. — Sacrifie-moi tout ce qui « te reste : tes satisfactions, tes plaisirs, tes forces, ta « santé, ta vie même si je te la demande. Va, dépense « tout pour mon amour. Tu croiras me donner beaucoup, « mais en réalité tu me vendras à haut prix. N'ai-je pas « versé mon sang jusqu'à la dernière goutte pour te « racheter ? Ne te donnerai-je pas mon ciel pour récom- « pense ? Vois si le salaire est digne du travail ; s'il vaut « la peine de faire quelques efforts pour le gagner. Oui, « mon enfant, va chez les pauvres infidèles.

« ET DONNE-LE AUX PAUVRES. — Donne ta vie, dépense « tes forces, sacrifie tes aises pour ces pauvres âmes. « Elles m'ont bien plus coûté à moi. Et, chaque jour, « elles m'offensent davantage. Va donc les tirer de la « barbarie. Je serai là pour te soutenir de mon bras tout- « puissant dans les périls. Ne crains rien, mon enfant, « va dans cette terre promise et sois mon apôtre !

« ET TU AURAS UN TRÉSOR DANS LE CIEL. — Oui, mon « enfant, si tu ne vis que pour mon amour, si tu te sacrifies « pour mon amour, je te donnerai un trésor d'un prix infini, « LE CIEL !... Le ciel avec moi, dans ma gloire, dans les « doux embrassements de ma Mère et la tienne, et cela « pour l'éternité !........ Songe souvent à ce trésor, à cette « récompense éternelle que je prépare à mes élus. Ce « souvenir te fortifiera dans tes luttes....

« VIENS ET SUIS-MOI. — Marche sur mes traces. Ne fais « pas comme le jeune homme auquel j'ai adressé ces « paroles ; il ne m'écouta pas ; il eut peur du sacrifice... « O mon enfant, ne sois pas aussi lâche ! Tu sais que le « chemin par lequel je marche est semé de ronces et « d'épines, que mon corps est ensanglanté, affaibli par la « flagellation, ma tête couronnée d'épines, je succombe « sous le poids de la croix. En me suivant, tu devras par« tager mes souffrances. Mais ne crains rien, je serai « avec toi. Repète avec mon apôtre : *Je puis tout en celui « qui me fortifie.*

« Suis-moi toujours ; gravis avec moi la sanglante mon« tagne : peut-être qu'un jour, sur son sommet, je pourrai « planter, si tu m'es fidèle, une autre croix, un gibet sur « lequel tu rendras témoignage de moi..... Je t'ai par« donné beaucoup, ô mon enfant ! Tu m'as traité avec « une cruauté horrible, tu m'as flagellé, couronné d'épi« nes, crucifié ; tu as transpercé souvent mon Cœur du « fer de la lance ! Mais, comme à Madeleine, je te par« donne tout, si tu m'aimes ! Comprends-tu, ô mon enfant,

« combien ce pardon est généreux, et quel bienfait t'ac-
« corde mon infinie bonté ? Tu serais maintenant au fond
« des abîmes du feu éternel, si je ne t'avais retenu, si je
« n'avais eu pitié de toi. Malheur à toi, si tu méconnais
« ce bienfait ! Fais donc tout désormais pour l'amour de
« moi ; n'épargne rien pour me prouver que tu m'aimes ! »

Tels furent les dispositions et les sentiments qui remplirent l'âme du Frère Devernoix en cette journée, et l'affermirent dans la résolution de se préparer avec une nouvelle ardeur à l'apostolat chez les infidèles. Il n'y voit que sacrifices, que souffrances : son âme ardente les accepte et les embrasse pour l'amour de Jésus. Afin de s'animer de plus en plus à marcher résolument dans cette sainte carrière, il met sur les lèvres du Sauveur les paroles qu'il s'adresse à lui-même : ainsi il en savoure davantage la sévère douceur : nourriture substantielle des vaillants et des forts.

Il ajoute : « Dans ma consécration à Marie, j'avais demandé trois grâces, je lui avais dit : *O Marie, Reine des apôtres et des martyrs, je vous en conjure par les mérites de tous vos fidèles serviteurs, faites, de votre pauvre et indigne enfant, un bon religieux, un apôtre ardent, un saint, un martyr !* Et voilà que dans le texte, sur lequel ma bonne Mère m'a fait tomber, je trouve l'indice de ces mêmes pensées. Oh ! quel bonheur ! je suis consacré à Marie ; maintenant je me sens davantage l'enfant de cette bonne Mère. Bien souvent déjà je m'étais donné à elle, mais je n'en avais jamais écrit la formule d'une manière aussi complète. J'ai eu le bonheur de faire cette consécration en tenant à la main le cierge allumé de la chandeleur, qui représente Notre-Seigneur enfant. »

Cette formule de consécration ne se trouve pas dans les papiers du cher Frère ; à moins que ce ne soit celle qui est consignée dans le journal au 8 mars, et qu'il a signée de son sang. Celle-ci prendra place en son lieu dans cette notice.

Il termine le compte-rendu de cette journée mémorable par ces lignes : « Et maintenant il ne s'agit plus que de devenir un bon novice, pour me préparer généreusement à devenir un bon religieux, un ardent apôtre, un saint. Oui, il faut que je devienne un saint ! »

CHAPITRE VII

LA PREMIÈRE CONFÉRENCE. — UN PROJET DEVISE

Ainsi qu'il est d'usage au Noviciat, le cher Frère devait à son tour faire la conférence à la place du P. Maitre. Il avait à parler sur la mortification. S'il eût dû fixer lui-même son sujet, il n'en eût probablement pas choisi un autre, tant il avait compris déjà, tant il aimait cette vertu, que Notre-Seigneur exige de tous ceux qui veulent se ranger à sa suite. Pour cette fois, l'obéissance répondait à son attrait. Le 5 février, jour où la sainte Eglise célèbre la fete de six martyrs du Japon, lui avait été assigné pour donner cette conférence. Il le remarque avec bonheur. « Voilà encore une merveilleuse coïncidence : la première fois que j'ai l'honneur d'essayer à bégayer en public les premiers accents de la parole de Dieu, se rencontre encore la fête de missionnaires martyrs. Plût à Dieu que, comme eux, je sois zélé à porter, avec amour, la parole de vie aux infidèles, et à sceller de mon sang la vérité de cette divine parole ! »

Ce jeune rhétoricien d'hier, s'exerçant par devoir aux saintes fonctions de la prédication, se sentait consumé d'un ardent désir de faire du bien à ses auditeurs. Il parlait en apôtre.

C'est l'impression produite par la lecture de ses compositions. Ses confrères, après l'avoir entendu, disaient : Le Frère Devernoix parle, avec une telle conviction, qu'il entraîne les volontés. « *On voyait que ça sortait du cœur*, s'écriait, tout naïvement, l'un d'eux, au sujet de sa conférence, et qu'il était fortement convaincu. » Il priait et méditait avant d'écrire ; il priait encore avant de débiter. Son style net, clair et correct, a une allure vive : il ne sacrifie rien à la phrase, mais il se sert avec avantage des richesses du langage pour donner une plus forte expression à sa pensée. En le lisant rien ne dénote la tendre jeunesse d'un débutant, on croirait le travail d'un homme déjà formé.

Qu'on en juge.

Il emprunte à saint Paul la pensée mère et la division de son travail : *Or ceux qui sont au Christ, ont crucifié leur chair avec ses vices et ses convoitises*, disait le grand apôtre aux Galates (1). De là deux sortes de mortifications, celle de la chair et celle des passions ; ce furent d'abord les deux parties de sa conférence.

(1) Cor. v, 24.

Après réflexion, comme il l'a dit lui-même, il en ajouta une troisième : *nécessité de la mortification pour le missionnaire*, afin de pouvoir produire un plus grand fruit dans les âmes. Écoutons-le terminant sa première partie. Il vient d'exposer la nécessité de la mortification corporelle pour tous et d'exhorter avec force ses auditeurs à la pratiquer sans défaillance ; il ajoute avec un judicieux à-propos : « Mais en tout cela n'oublions pas le mot si juste et si sage de saint François de Sales : « *Rien de trop.* » Soumettons donc tout à l'obéissance, nous souvenant de cette parole de l'Esprit-Saint : *L'obéissance vaut mieux que le sacrifice* (1).

« Et de plus, dans cette soumission pleine et entière de notre volonté à celle de nos supérieurs, nous trouverons l'occasion de pratiquer la seconde sorte de mortification, qui n'est pas moins méritoire et de beaucoup plus importante que la mortification des sens. »

Il vient de fournir les preuves de la nécessité de la mortification des passions et d'indiquer les moyens de vaincre la vanité, l'amour-propre, la curiosité et le reste, citant cette parole de saint Grégoire-le-Grand: *C'est le propre des âmes qui aiment vraiment Dieu de se priver, pour son amour, des choses mêmes légitimes et permises ;* il ajoute : « La récompense de cette victoire sur nous-mêmes sera grande, car *celui qui sait se vaincre est plus fort que celui qui renverse les cités*, dit l'Esprit Saint (2).

(1) I *Rois*. XV. 22.
(2) *Proverbes* XVI, 32.

« Le champ est vaste, où nous pouvons glaner ainsi, épi par épi, la céleste moisson, dont Dieu nous réserve la récompense au ciel. De plus, ces petits actes donnant moins de prise à la vanité et à la satisfaction personnelle, qui nous font perdre tant de mérites, sont d'autant plus agréables à Dieu. Ce sont comme autant de petites perles fines, blanches et parfaitement nettes qui, par leur multi plicité, nous préparent pour le ciel, la plus magnifique couronne. »

Il termine, comme il l'a dit dans son Journal, par le tableau des missions telles qu'il les a conçues, tableau dont il espère un plus grand effet, un fruit meilleur.

« Oh ! mes Frères, nous le voyons, la mortification est indispensable à tous ; mais combien plus ne l'est-elle pas pour ceux qui se préparent à aller porter au loin le nom du Christ-Jésus ! C'est pour le miss'onnaire, et pour le missionnaire en Nouvelle-Guinée surtout, qu'elle devient absolument nécessaire.

« Ce n'est pas là qu'il nous faut aller, si nous voulons accorder quelque chose à la nature. Là-bas, en effet (les lettres que nous recevons des Missions nous le témoignent assez), ce sont des privations de tout genre... Ne disons pas quand je serai en mission !.. Quand vous serez en mission ! vous serez aussi lâche que maintenant. L'Esprit-Saint vous en avertit lorsqu'il dit : «*Le jeune homme suit sa première voie, dans la vieillesse même, il ne s'en écartera pas* (1). Le novice, lâche à se mortifier, ne le deviendra-t-

(1) *Prov.* XXII 6

il pas davantage encore, lorsqu'il lui faudra en venir à l'œuvre.

« Climat, fièvres, fatigues : autant de choses dont le nom seul le fera trembler, dont la pensée pourra le rendre sourd à l'appel de Dieu. Mais nous, mes Frères, qui voulons devenir des Missionnaires, des Martyrs peut-être !.. Croyez-vous, que Dieu accorde de si grandes faveurs à ceux qui craignent, maintenant, d'en trop faire pour lui ? Non, ce ne sont pas des désirs vagues d'apostolat, des aspirations sans force et sans efficacité vers le martyre, qui nous mériteront une telle grâce. Il demande de nous une préparation solide et véritable à la vie apostolique, toute faite d'abnégation, de labeurs et de sacrifices.

« Le Christ-Jésus ne fixera-t-il pas de préférence son choix sur ceux qui l'auront constamment suivi sur le Chemin du Calvaire ?

« Oh ! mes Frères, marchons courageusement à la suite de nos saints modèles ; marchons sur les traces de Monseigneur Verjus, suivons les pas du Roi Jésus lui-même, et répétons avec Théophane Venard, le missionnaire martyr : « *Pour vivre heureux, il faut savoir souffrir !* »

A la conférence, succéda la critique. Un des auditeurs est désigné, selon la coutume, pour exprimer son appréciation sur le discours ; il doit dire ce qu'il a jugé bon ou mauvais, dans la doctrine, l'exposition, le style et la diction ; fond, forme, débit, pose, gestes, tout est examiné, on pourrait dire sévèrement critiqué. Cette fois, la critique fut l'éloge de l'orateur, et le Père qui présidait confirma le jugement favorable du confrère. Le novice n'en tire aucun sujet de vanité, mais son cœur laisse échapper cette parole de zèle : « Plût à Dieu que Jésus daignât se servir de mon pauvre moyen pour faire quelque bien dans les âmes ! Mais, ô mon Jésus, si je devais faire tourner mes talents contre votre gloire, ou bien m'enorgueillir, en tirer vanité, je vous en conjure, que je n'aie jamais les aptitudes pour cela.

« Plus on est monté haut, plus on tombe profondément. »

N'est-ce pas là le cri d'un cœur humble ?

La gloire de Dieu, l'amour des âmes, voilà l'objet de son ambition, le but de tous ses désirs. En quelques mois, le petit écolier a gravi les hauts sommets. Désormais, tous ses efforts tendront à s'y maintenir. Il s'oubliera lui-même de plus en plus pour ne pas décheoir. Plus il travaillera pour Dieu, plus son âme s'enivrera de son saint amour. Qu'il est donc merveilleux le travail de la grâce dans une âme, qui correspond fidèlement à ses touches puissantes !

Le 9 février, il écrivait dans son Journal : « La lecture de la fin du monde, dans l'Apocalypse, est une fort bonne chose pour se pénétrer de la grandeur de ces affreux événements. Il fera meilleur de les contempler du haut du ciel que d'y assister sur la terre. C'est pour cela qu'il m'importe peu de vivre longtemps ; mais il faut que je vive en accomplissant, avec générosité, toutes mes actions pour le seul amour de Dieu. Il me semble, qu'au ciel, je regretterai de n'avoir pas assez travaillé pour sa gloire en ce monde. »

Sa pensée se porta ensuite sur le Purgatoire, il conçut alors le projet d'une brochure qui aurait eu pour titre : *Une heure au Purgatoire, ou regrets d'une âme du Purgatoire.*

« Je supposerai un jeune religieux qui a perdu un ami religieux comme lui : Dieu lui permet d'aller le visiter une heure au Purgatoire. Alors celui-ci demanderait à l'âme de son ami ce qu'elle regrette de la terre. L'âme toumentée d'horribles souffrances, et comprenant ce qu'est le péché, même véniel, décrirait ses tourments ; elle dirait ensuite qu'elle expie cruellement telle règle négligée, tel devoir abandonné, une parole dite en passant à l'heure de silence ; qu'elle souffre encore pour son manque de modestie, son sans-gêne à interpréter à sa guise, ses vœux et ses règles.

« Elle ajouterait que, comprenant à cette heure ce que vaut un degré de gloire au ciel, elle regrette telle bonne occasion qu'elle avait de se mortifier ; elle pleure les pénitences omises, son peu de zèle pour les âmes, sa crainte du sacrifice et du travail, son horreur des difficultés... Enfin elle terminerait par une vive exhortation, à son ami, de vivre en bon religieux, en saint prêtre, en saint missionnaire et de prier pour elle.

« Je crois que cette voix d'outre-tombe, parlant directement à l'âme, pourrait faire du bien à quelques-uns de mes confrères. Ne ferait-elle éviter qu'un seul péché véniel de propos délibéré, ou produire quelques actes de vertu de plus, ce serait déjà immense. »

J'ignore si ce pieux projet a reçu son exécution : Quoi qu'il en soit, il montre bien où se portaient l'activité d'esprit du cher défunt et les ardeurs de son âme.

On lisait alors au Noviciat la vie du P. Nempon. Cette admirable vie l'intéressait au suprême degré, il en suivait le récit avec une attention émue. Un jour, il apprend que ce grand missionnaire, avait pris, de Monseigneur Retord, vicaire apostolique du Tonkin, cette devise : *Fac me cruce inebriari.* — Faites que je m'enivre de la croix de mon Jésus. — Il s'écrie :

« Voilà bien la devise que je cherchais : « Plus il y a de soufffrances, plus il y a de joie. » *Tantum sapor, quantum labor. Quam maxime pati, ut quam maxime glorier.*

« Qu'il est doux de souffrir pour Jésus !

« Je me fatiguerai à prêcher aux pauvres Kanaks, qu'ils ont besoin d'une religion comme les autres ; il ne m'écouteront pas, ils me repousseront. Tant mieux, mon Jésus, tant mieux. *Fac me cruce inebriari !*

« On fait un voyage, je tombe sous le poids de la chaleur, exténué, à demi-mort : tant mieux ! O Jésus ! pour les âmes ! *Fac me cruce inebriari !*

« Je demande des travailleurs pour me construire une hutte : personne ne veut venir : tant mieux. Je coucherai sous les étoiles ! *Fac me cruce inebriari !*

« Un jour on me prend, on me cloue à un poteau, on me

percé de flèches : tant mieux ; ô alors, surtout, tant mieux, ô mon divin Jésus. *Fac me cruce inebriari !*

« Voilà des sentiments que je devrais avoir, c'est comme cela qu'on devient des François-Xavier ».

Voilà bien assurément, ce que le cher enfant désirait ardemment, ce qu'il s'efforçait courageusement de devenir. Mais où puisait-il ces sublimes sentiments, ces héroïques pensées ?

CHAPITRE VIII

ESPRIT D'ORAISON. — CONSÉCRATION A LA SAINTE VIERGE. — PRÉPARATION A LA GRANDE RETRAITE

La première source où son âme puisait abondamment les eaux salutaires de la grâce et l'esprit de sacrifice, fut le Cœur de Jésus, qu'il aimait tendrement.

Comme le sage, dont il est parlé dans nos saints livres, il a livré son cœur à ce Cœur divin ; il veille dès l'aurore pour s'unir à son Seigneur : il offrira ses prières en la présence du Très-Haut (1). Jésus nourrit son humble et vigilant enfant du pain de vie et d'intelligence, et lui fait boire l'eau salutaire de la sagesse pour l'affermir dans la vertu, et le rendre inébranlable dans sa voie (2).

(1) *Eccli.* XXXIX, 6.
(2) *Id.* XV, 3.

Le F. Devernoix avait acquis l'esprit d'oraison. Chaque soir, il préparait avec un soin extrême, sa méditation du lendemain. Pendant la lecture du sujet, comme il est d'usage au Noviciat, il prenait ses notes, disposait l'ordre de ses réflexions, prévoyait le fruit pratique à retirer, et déterminait à l'avance la résolution utile pour le lendemain.

Le matin, de retour à la salle des exercices, il écrivait son compte-rendu de méditation pour le remettre au Père Maître, selon la règle ; puis il rédigeait le sujet de sa méditation, afin de le conserver. Cette pratique, sans être obligatoire, est toutefois fortement conseillée. Le Frère Devernoix y fut toujours fidèle.

Les difficultés ne manquaient pas cependant : aridités, sécheresses, tentations, obstacles ordinaires à ceux qui s'appliquent à la méditation, le cher Frère les éprouva tous. Il les combattait par les moyens ordinaires, et, ajoutons-le, aussi par les pénitences. Mais ici son ardeur était entravée. Il eut voulu n'en omettre aucune : jeûnes rigoureux, disciplines prolongées, cilices, couche dure à l'excès, et que sais-je encore ? L'obéissance ne tolérait que fort peu : jamais de privation dans la nourriture, jamais de choses extraordinaires. Aux demandes fréquentes du jeune novice, il était le plus souvent répondu par un non formel. Il se retirait alors humblement, et il prenait sa revanche en mortifiant, avec plus de rigueur, la curiosité, l'amour-propre, la légèreté, en se tenant plus uni à Dieu, dans le recueillement. Parfois aussi, il répondait au refus du Père Maître, disant avec son fin sourire : « Merci, mon Père, j'aurai quand même le mérite, puisque je l'ai voulu. » Il avait raison, le cher enfant. Aussi n'était-ce pas le mérite dont on voulait le priver, mais seulement ménager ses forces. On lui fournissait ainsi l'occasion d'un acte plus excellent, plus méritoire; puisque l'obéissance vaut mieux que le sacrifice. Il le savait, et jamais on ne l'a surpris, agissant contre cette vertu. Il écrivait le 5 avril.

« J'ai demandé de faire, pendant la semaine sainte, des « pénitences assez rudes. Le Père Maître n'a pas voulu le « permettre. — Il ajoute : Notre-Seigneur, a dit à la Bien- « heureuse Marguerite-Marie : C'est en vain que tu pen- « ses me plaire par ces sortes d'actions et de mortifica- « tions, dont la propre volonté ayant fait élection, fait « plutôt céder la volonté des supérieurs que d'en démordre. « Or, sache que je réjette tout cela comme des fruits cor- « rompus de la volonté propre. »

Cette parole de Notre-Seigneur à sa Bienheureuse servante fut toujours sa maxime favorite.

Souvent il épanchait son âme en de saintes aspirations: « O mon Jésus ! mon Jésus ! Que ce nom est doux à mon cœur ! O mon Jésus ! nom béni, je voudrais te répéter tout le long du jour sans discontinuer. O mon Jésus ! bénissez votre enfant, il se donne tout entier à vous. Faites de moi ce que vous voudrez .. O mon doux Jésus, que je voudrais vous aimer !... »

Lorsqu'il avait le bonheur d'être *réparateur*, soit comme représentant la communauté tout entière, soit comme *réparateur* de semaine, au nom de sa série, il en éprouvait une joie qu'il ne pouvait toujours contenir. Il allait donner à son Jésus quelques marques de son amour; il lui offrirait, au nom de tous, ses hommages : douce compensation des nombreux outrages dont il est l'objet dans l'Eucharistie ; enfin il pourrait communier. La journée se passait dans une plus grande ferveur, dans un plus entier recueillement. Les douleurs du Cœur de Jésus méconnu par les hommes, affligé de leur perte, le transportait hors de lui-même et enflammait son zèle pour les âmes.

Le 6 mars, il écrivait : « Ce matin, j'ai fait ma méditation sur l'agonie de Notre-Seigneur au jardin des Olives. Quelle douleur ne dût-il pas éprouver en son Sacré Cœur, voyant tant de milliers d'âmes tomber en enfer, et rendre inutile sa sainte et douloureuse Passion ! Oh ! moi, qui dois être missionnaire, Jésus, envoyez-moi vite chez ces pauvres Kanaks, dont un si grand nombre se jettent, tête baissée, dans les abîmes éternels. — Eternels !.. Quelques-uns demandent parfois: « mais ne s'ennuyera-t-on pas au ciel toute une éternité ? — Eh ! malheureux aveugles, si vous disiez plutôt « toute une éternité dans les flammes... mieux vaut mille fois souffrir toute sa vie les plus grandes douleurs que d'y aller. »

Après Jésus, tout son cœur allait à Marie sa bonne Mère. Toutes les pratiques en son honneur lui étaient chères. Il avait lu, que sainte Gertrude connût par révélation, combien était agréable à l'immaculée Mère de Dieu, la prière *Je vous salue, ô lis plus blanc que la neige, lis de la radieuse et toujours immuable Trinité, etc.* (1). Cette prière lui devint dès lors familière. Mais il voulait faire davantage encore. Sous ce titre : *Projet de vœu à Marie*, il écrivait :

« La sainte Vierge fit connaître à sainte Gertrude, que celui qui la saluerait souvent sous le nom de *lis blanc de l'adorable Trinité et de rose brillante du ciel*, aurait le bonheur, au moment où son âme se séparera de son corps, de voir Marie dans l'éclat d'une beauté ravissante, qui lui ferait goûter par avance les douceurs du ciel. — On ne saurait donc trop faire pour obtenir semblable faveur. — Je récite déjà chaque jour cette prière, mais je voudrais promettre davantage à la très sainte Vierge... J'ai résolu, si on veut me le permettre, de dire *chaque année 365 chapelets*, sur chaque grain je saluerai Marie, par ces paroles : *je vous salue lis blanc de la sainte Trinité et rose brillante du ciel.*

« Ce serait pour obtenir de cette douce Mère, qu'elle avançât d'une heure son apparition, le jour de ma mort et qu'elle me fit la grâce immense, à ce moment suprême, de ne point passer par le Purgatoire, soit en m'accordant la faveur tant sollicitée et tant désirée du martyre, que je

1) La prière dont il est ici question est en honneur au Noviciat. La voici pour les lecteurs qui ne la connaissent pas.

Je vous salue ô lis plus blanc que la neige, lis de la radieuse et toujours immuable Trinité. Je vous salue, rose brillante de la céleste aménité, de qui le Roi du Ciel a voulu naitre et dont il a daigné recevoir le lait virginal ; venez à mon secours, pauvre pécheur que je suis, venez maintenant et à l'heure de ma mort. Ainsi soit il.

veux obtenir aussi par cette pratique, soit par tout autre moyen connu de sa maternelle bonté. »

Malgré ses instantes prières et ses ardents désirs, le martyre ne lui a pas été accordé. Nous espérons que, vu ses généreuses intentions, sa soumission entière à la volonté divine, la seconde faveur ne lui a pas été refusée. Marie, toute bonne envers les plus grands pécheurs, lui aura épargné, ou du moins singulièrement abrégé, les souffrances du Purgatoire. Il aimait si tendrement sa Mère du ciel! Il s'était si fréquemment donné sans réserve et consacré entièrement à son service !

L'époque de la *neuvaine de la grâce* (1), en l'honneur de saint François Xavier, était arrivée; neuvaine en grand honneur parmi nos enfants. Le cher Frère la faisait chaque année avec grande confiance, et toujours il avait obtenu les faveurs qu'il demandait; il ne pouvait l'omettre en cette année de son noviciat.

« C'est aujourd'hui, dit-il, que commence ma neuvaine si chère, du 4 au 12 mars. Il ne m'est pas encore arrivé de la faire sans obtenir l'effet de mes demandes. Cependant saint François-Xavier avait tant de motifs de ne point m'exaucer...

« Aussi ai-je remis entre ses mains toutes mes intentions, je n'ai pas cru pouvoir lui demander une grâce plus

(1) Cette neuvaine a été revélée au P. Marcel Mastrilli, en 1604, par le saint lui-même. Elle a toujours été regardée comme très efficace. On la fait du 4 au 12 mars Aucune pratique spéciale n'est prescrite, à chacun de choisir les prières qu'il veut réciter en la faisant.

importante que celle de faire *ma grande retraite*, aussi saintement que saint Louis de Gonzague, aussi saintement que saint François-Xavier dût la faire lui-même, sous la conduite de saint Ignace. »

La grande retraite a lieu chaque année pour tous les novices. Elle dure environ un mois, pendant lequel ils suivent en entier les exercices de saint Ignace. Ces exercices faits avec générosité produisent dans les âmes les fruits de sanctification les plus abondants. Le Frère Devernoix en attendait un grand résultat, aussi s'y préparait-il avec ardeur.

Il ajoute :

« Comme ce grand saint a promis d'obtenir *tout ce qu'on* lui demanderait pour la gloire de Dieu et le salut des âmes, je lui ai demandé, en second lieu, la grâce de changer mon cœur avec le sien, où de remplir le mien de tout le zèle dont il était lui-même consumé. Mais comme il n'est apparu au Père Mastrilli, que pour lui annoncer sa vocation à l'apostolat et la gloire du martyre, qui l'attendait au Japon, je lui ai demandé encore la grâce tant désirée du martyre... Il faut que j'écrive cette demande dans une feuille signée de mon sang, que j'enfermerai dans mon scapulaire comme a fait Monseigneur Verjus. »

A ces intentions, le cher Frère en ajoutait un grand nombre d'autres, se rapportant toutes à son avancement dans la vertu.

A quelques jours de là, il écrivait :

« Hier, j'ai été consulter le R.P. Maitre, pour soumettre

à l'obéissance, le projet de coudre, dans mon scapulaire, ma consécration au Cœur de Jésus, comme victime, et à Notre-Dame du Sacré-Cœur.

« J'ai choisi, le jour de la fête de la sainte Lance et des saints Clous de Notre-Seigneur, pour écrire cette consécration. Dans la première partie, je me donne de nouveau à ma bonne Mère du ciel ; puis je demande instamment, par l'intercession de saint François-Xavier, du Bienheureux Perboyre, dont on vient d'inaugurer la statue, et de mon saint Patron, la grâce du martyre.

« Mourir pour le nom de Jésus, quel bonheur !... Oh ! quand je pense à cela, je ne me possède plus de joie, je suis porté avec une grande ardeur aux rigueurs de la pénitence, et je ne trouve rien que de doux dans la pensée des plus rudes sacrifices des missionnaires. »

Voici le texte de cette consécration telle qu'il l'a écrite dans son Journal :

« Aujourd'hui, 8 mars, fête de la sainte Lance et des Clous de Notre-Seigneur, au milieu de la neuvaine infaillible, en présence du glorieux apôtre saint Pierre, mon patron, du Bienheureux Perboyre, qui a eu le bonheur de tant souffrir pour le nom de Jésus-Christ, de saint François-Xavier, dont le zèle a donné tant d'âmes à Notre-Seigneur ; moi, Pierre Devernoix, je me consacre de nouveau, tout entier, corps et âme, sans réserve aucune, à votre Cœur immaculé, ô Reine des apôtres et des martyrs. Je vous conjure, ô ma bonne Mère, de prendre sous votre protection le plus indigne et le plus misérable de vos enfants. Je ne me réserve rien, je suis tout vôtre, assuré que dans tous les combats, dans tous les périls du corps et de l'âme, vous me regarderez du haut du ciel avec mes trois saints protecteurs, et que vous n'attendrez de ma part, qu'une invocation pour me secourir et m'assister.

« O Reine des apôtres et des martyrs, je veux employer ma vie à vous faire connaître et aimer, ainsi que mon bien-aimé Jésus, chez les infidèles. C'est pour vous, ô ma bonne Mère, et en propageant votre dévotion, que je voudrais allumer dans les âmes le feu du divin amour. Si pour cela, il faut donner ma vie, répandre mon sang jusqu'à la dernière goutte, dans les plus cruels tourments, afin de hâter d'un seul moment, le jour où vous serez connue et aimée de tous ces peuples, me voici, ô ma Mère ! Présentez-moi, de vos mains immaculées, à Jésus votre divin Fils ; qu'il retire, de la destruction de mon corps, autant de gloire qu'il en a reçu d'outrages.

« Je le sais, ô ma Mère, je suis mille fois indigne de cette faveur, mais n'est-ce pas un titre de plus pour faire éclater votre miséricorde envers le plus grand des pécheurs ? Le plus affreux des martyres ne vous procurerait il qu'un peu plus de gloire, mon sang versé n'obtiendrait-il le salut que d'une seule âme ; n'éveillerait-il le désir des missions que dans un seul de vos enfants, immolez-moi, ô Jésus, je vous en conjure, immolez-moi, pour qu'au ciel, je puisse vous aimer davantage pendant toute l'éternité.

« Signé de mon sang,

« Pierre DEVERNOIX, indigne serviteur de Marie. »

Le cher Frère ne tarda pas à recueillir les fruits délicieux d'une si parfaite donation de lui même à Jésus et à Marie. Quatre jours après il écrivait :

« Quelle bonne communion je crois avoir faite ce matin ! Il me semblait bon, à l'exemple du disciple bien-aimé, de me reposer sur la poitrine sacrée de mon Sauveur ! Comme elles sont douces, comme elles sont pures, les délices des âmes abandonnées tout entières à Jésus ! Avec quelle ardeur je lui disais mon désir de parcourir toute la Nouvelle-Guinée, la croix et l'évangile en main, ou plutôt dans le cœur.

« Difficultés, obstacles, fatigues, qu'est-ce que tout cela, quand il s'agit de donner des âmes à Dieu ! »

Ce fut là sa pensée dominante, sa passion : Dieu et les âmes. Tout ce qui pouvait l'aider à atteindre ce but, lui paraissait digne de son application. Il était médiocrement doué pour la musique, et jamais jusque-là il n'avait pensé à cultiver ses modestes aptitudes. Mais il apprend que le chant est utile au missionnaire, aussitôt sa résolution est prise : il s'exercera afin de pouvoir exécuter passablement les morceaux d'usage commun.

« Il parait que le meilleur moyen de faire apprendre le catéchisme aux Kanaks, c'est de le mettre en cantiques et de les leur faire chanter. Mais si je n'étais pas même capable d'apprendre les airs de ces cantiques, que pourrais-je faire en mission ?... Missionnaire, souvent je n'aurai qu'un frère avec moi, il faudra bien que je l'aide pendant les saluts du Saint Sacrement, et si je m'y entendais encore moins que lui ?... Il faut donc que j'arrive, pendant cette année, à pouvoir exécuter passablement n'importe que[1] morceau de plain-chant. Un peu de musique ne serait pas inutile. Je me propose, pendant le scolasticat, d'essayer à *gratter* un harmonium : ça pourrait me servir un jour. »

La grande retraite était proche. Notre cher Frère redoublait de générosité ; il en parlait fréquemmeut avec ses confrères et plus souvent encore avec Dieu, auquel il ne cessait de demander la grâce d'en retirer grand fruit. Pendant les dernières semaines on le voyait plus appliqué à ses devoirs, plus uni à Jésus, plus mortifié en toutes choses.

« L'heure va sonner, qui va ouvrir une des époques les plus importantes de la vie et tout au moins la plus importante de ma jeunesse. Comme il me faut prier pour bien profiter de ce temps sacré, unique, décisif pour la vie entière et aussi pour la vie future. Ah ! c'est de ce temps qu'on peut dire en toute vérité : *Nunc est tempus valde pretiosum in quo promereri vales unde æternaliter vivas.*

« J'ai demandé ce matin de tout mon cœur au Saint-Esprit et à Notre-Dame du Bon Conseil, de me donner la prudence et la force nécessaire, pour que j'emploie ce temps, comme saint François-Xavier l'a employé.

« Il le faut. »

Les saints exercices de la retraite, ne pouvaient que produire des fruits abondants dans une âme si généreusement préparée.

CHAPITRE IX

LA GRANDE RETRAITE. — PREMIÈRE SEMAINE

Les exercices de la grande retraite sont réputés les plus importants du noviciat, qu'elle partage en deux parties à peu près égales. Pendant les premiers six mois, les novices reçoivent l'instruction nécessaire pour suivre avec profit les enseignements de ces saints exercices, et sont préparés à la pratique des grandes vertus religieuses ; dans les mois qui succèdent à la retraite, ils en recueillent les précieux avantages.

Le cher Frère Devernoix, qui, dès le commencement du noviciat, s'était élancé avec tant d'ardeur dans la voie de la perfection, voyait avec bonheur s'ouvrir pour lui ces saints exercices. Il en attendait un grand bien pour son âme ; il espérait, il voulait en recueillir les fruits précieux. Sa bonne volonté étant entière, rien de pouvait ralentir son ardeur, ni paralyser ses efforts.

Il commence ainsi le journal de ses exercices : « Quel ineffable tressaillement au premier son de la cloche annonçant le commencement de cette importante retraite ! Je ne saurais dire quel indéfinissable sentiment envahit mon être tout entier. J'ai dix-sept ans et demi. Voilà donc la première période de ma vie écoulee. Vivrai-je encore autant ?... Quel motif pressant de passer cette retraite avec toute la ferveur, toute la générosité dont je suis capable. »

Jettant alors un rapide regard sur sa vie passée : « Oh ! quelle vie j'ai menée jusqu'ici ! Si encore je n'avais fait que perdre mon temps ! — Ce serait déjà un effroyable malheur. — Mais, hélas ! il me faut réparer tout ce passé, et réparer d'autant plus abondamment que j'ai été plus coupable. »

Dans cette pensée, il demande humblement à Notre-Dame du Bon-Conseil, par l'intercession de saint Ignace, l'auteur des exercices spirituels, et de saint François-Xavier, la prudence et la force nécessaires pour faire « parfaitement » cette grande retraite.

« Je dis *parfaitement*, ajoute-t-il, et non pas bien, ni même très bien ; non, mais parfaitement, c'est-à-dire comme saint François-Xavier fit la sienne. »

Puis se souvenant de la parole que Jésus a dite de sainte Marie-Madeleine : *Beaucoup de péchés lui sont remis parce qu'elle a beaucoup aimé* (1) ; il ajoute :

(1) *Saint Luc.* VII, 47.

« Il faut que toute ma retraite, et par là même toute ma vie se passe à aimer mon Jésus purement, uniquement et de la plus ardente charité.

« L'aimer parce qu'il est infiniment aimable !

« L'aimer parce qu'il m'a infiniment aimé !

« L'aimer parce qu'il est lui-même mon Jésus, mon tout.

« Aimer Jésus, parce que c'est Jésus ! »

Peut-on concevoir des sentiments plus sublimes ? Ce fût dans ces saintes dispositions que le cher Frère entreprit les saints exercices.

Selon le conseil de saint Bernard, il les commençait parfaitement : *si incipis perfecte incipe.*

Voyons comment il les a poursuivis.

1° *Première semaine. — Le principe.*

La première série des exercices spirituels de saint Ignace a pour but de purifier le retraitant des souillures du péché ; *de préparer et de disposer son âme à se défaire de toutes ses affections déréglées* (1).

Cependant, il devra avant toute chose poser la base de tout l'édifice qu'il veut élever ; méditer la fin même de son existence et de celle des autres créatures.

Or, « l'homme est créé pour louer, honorer et servir « Dieu, notre Seigneur et, par ce moyen, sauver son « âme. Et les autres choses qui sont sur la terre sont

(1) *Saint Ignace*, 1re annotation.

« créées à cause de l'homme et pour l'aider dans la pour-« suite de la fin que Dieu lui a marquée en le créant. » (1).

« Ce principe est évident, s'écrie notre cher Frère ; si je ne le croyais pas, les contradictions, les absurdités dans lesquelles tombent ceux qui le nient, suffiraient pour m'en convaincre. La raison, le bon sens, la foi me procurent assez de lumière pour y adhérer pleinement. »

Il prend ensuite chaque parole et la commente à sa manière en donnant parfois à sa pensée une forme assez piquante. « Serait-il possible que l'homme : le cultivateur, par exemple, l'ouvrier, qui forment la plus grande partie de l'humanité ; serait-il possible que ce pauvre ouvrier, qui a tant à souffrir, fut créé par Dieu et mis en ce monde, seulement pour gagner le lundi le pain du mardi, le mardi celui du mercredi, et ainsi de suite jusqu'à la mort, où plus rien de lui n'existerait : et ce serait là le sort des trois quarts du genre humain !... »

Puis, tout à coup, emporté par son zèle des âmes, il ajoute sans transition : « Ce serait par de semblables réfléxions que les pasteurs devraient réveiller la foi endormie de ces braves gens, qui ne sont mauvais, que parce qu'ils sont ignorants. »

Il continue l'étude du principe ; arrivé à cette parole *servir* Dieu, il se demande : « Mais comment le servir ? — En accomplissant sa sainte volonté. — Et comment connaître et suivre cette volonté adorable depuis que le

(1) *Saint Ignace.* Principe.

péché d'Adam a obscurci notre intelligence et affaibli notre volonté ? »

Le cher Frère pose la question et la laisse sans réponse, mais rentrant aussitôt en lui-même et considérant les conditions dans lesquelles va le placer la vie religieuse, il ajoute : « Pour moi, Dieu a eu l'extrême bonté de suppléer à l'impuissance de ces deux facultés. Il me dit : « Obéis aux supérieurs que je t'ai donnés et tu « m'obéiras. Que leur volonté soit ta volonté, puisque « c'est la mienne... Obéis sans réplique. Si le supérieur « se trompe, toi, tu ne te tromperas pas en lui obéissant, « puisque tu feras ma volonté qui te dit : obéis à tes supé- « rieurs et obéis-leur en tout. »

N'est-ce pas, en effet, dans l'obéissance que le religieux trouve sa perfection. Sans cette vertu, il porte en vain un nom glorieux. Les livrées dont il est revêtu ressemblent assez à de pompeuses étiquettes sur des vases somptueux, mais entièrement vides. On espère y trouver une précieuse liqueur : ouvrez-les, ils ne contiennent qu'une lie immonde, ou, tout au plus, une poussière inutile.

2° *Nouvelles promesses à Marie.*

Dès le premier jour de la retraite, le Frère Devernoix ressent le besoin de s'abandonner entièrement à Marie, sa bonne Mère, de faire quelque chose de spécial en son honneur pour assurer le succès de ses exercices ; il lui donne les noms les plus tendres, les plus affectueux :

« Son souvenir me fait bondir de joie, tressaillir d'allégresse. » Il a peine à se contenir dans la réserve tranquille du recueillement ; il ne se possède plus en pensant à cette tant aimable Mère : « je ne puis trouver de comparaison assez gracieuse, de titre assez beau pour exprimer comme je la trouve aimable. »

Il voudrait pouvoir communier à Marie comme il reçoit Jésus, comme il se nourrit de sa chair adorable, de son sang précieux dans l'Eucharistie. Se souvenant alors de la parole de saint Augustin : « La chair de Jésus est la chair de Marie : » *Caro christi, caro Mariæ.* Il s'écrie : « Dans la sainte communion, je puis donc me rassassier de ma divine Mère. »

Cette pensée le ravit et satisfait son désir d'aimer Marie toujours davantage : « Plus que jamais saint ne l'a aimée. » Pour lui témoigner sa ferme volonté, son désir intense de passer saintement cette retraite, il veut faire à cette immaculée Vierge les promesses suivantes :

« 1° Pendant cette retraite, je ne négligerai, ni n'omettrai volontairement aucune de mes règles, ni de mes observances, sinon par charité, ou vraie nécessité, ou par obéissance à laquelle je soumets tous mes actes.

« 2° J'obéirai toujours sans réplique aux moindres ordres de mes supérieurs ou de ceux qui les remplacent : étouffant autant que possible tout ressentiment intérieur.

« Je ne m'arrêterai volontairement à aucune pensée non seulement mauvaise, mais vague, rêveuse ou inutile.

« 4° Je ne m'occuperai jamais de pensées où il se mêle

quelque chose de dangereux et surtout à celles qui ramènent le souvenir des fautes passées et qui me causent des troubles.

« 5° Je me regarderai, dans la maison de Dieu, comme un pauvre qui doit être soumis à tout le monde et à qui l'on donne tout par pure charité. Je penserai qu'on fait toujours trop pour moi.

« 6° Je m'estimerai heureux, malgré les réclamations de la nature superbe, de me savoir contredit, censuré, blâmé ; d'être couvert de confusion et de honte devant les autres ; d'être repris en public, moqué, raillé ; de voir que l'on me délaisse et me méprise.

« 7° Je prierai pour tous ceux qui m'auront froissé, humilié, délaissé et je m'efforcerai de leur rendre service.

« 8° Je m'abandonnerai totalement au Sacré Cœur de mon unique bien-aimé Jésus, sans plus vouloir m'occuper de moi-même, ne m'attachant désormais qu'à l'aimer et à faire son bon plaisir. »

« O mon Jésus, voilà bien les résolutions de perfection, que vous avait offertes votre dévouée servante Marguerite-Marie, âme sainte, qui ne vivait que pour vous. Faites donc, ô divin Cœur, qu'à son exemple, je n'aime que vous, je ne trouve de joie et de bonheur qu'à vous faire plaisir.— Aimer et souffrir en silence, telle fut sa devise : telle doit être la mienne.

« O mon Jésus ! souffrir en vous aimant uniquement, quel suprême bonheur ! Quelle ineffable allégresse ! »

3° *Sa contrition. — Son humilité*

Le Frère Devernoix ne descendra de ces hauteurs où l'emporte son amour de Dieu, que pour admirer la miséricorde de Jésus à son égard et s'humilier lui-même autant qu'il le pourra.

Il vient de méditer la chute des Anges, celle du premier homme et enfin celle d'un jeune homme qui serait en enfer après un premier péché ; le premier cri qui s'échappe de son cœur, est un cri de reconnaissance.

« O mon Jésus ! que vous avez été bon envers votre enfant ingrat ! Les Anges ont péché et ils ont aussitôt été précipités, des hauteurs du Ciel, dans les abimes ! L'homme pécha au Paradis terrestre et votre Ange l'en bannit aussitôt. Et moi, ô mon Jésus, vous m'avez épargné !.. Cependant mes péchés ont été nombreux, effroyables ; un seul d'entre eux renferme plus d'ingratitude envers vous, que le péché des Anges, que celui d'Adam, et vous m'avez épargné !.. Quelle ineffable miséricorde ! Comment pourrai-je assez vous remercier ? O mon Dieu, je vous offre tout le sang de votre divin Fils, par les mains immaculées de notre auguste Mère : je ne saurais mieux vous dire ma reconnaissance.

« Et dire que, si Dieu m'eût frappé de mort pendant que je vivais dans le péché, je serais maintenant au plus profond des abîmes de l'enfer.., et ce serait pour toute l'éternité !.. Ah ! si un damné pouvait sortir de cet horrible enfer et expier ses fautes de ce monde, et espérer son pardon, comme il serait heureux de pratiquer dans les plus petites choses, dans ce qu'elles ont même de plus dur et de plus rigoureux, les vertus de son état.

« Or, cette grâce, que ce damné serait si heureux d'obtenir, Jésus me l'a faite ? — Ne suis-je donc pas, en toute vérité, un échappé de l'enfer éternel ? — Je dois donc me comporter comme tel envers mon Dieu, envers mes Pères et envers tous mes Frères... ..

« Que je retienne bien ceci : *Je suis le dernier de tous.* Servir mes frères, est un grand honneur qu'on me fait ; tout ce qu'on fait pour moi est une libéralité : je dois prier Dieu pour celui qui en est l'auteur ..... Lorsqu'on me refusera quelque chose, je dirai : Voilà ce que je mérite. Un échappé d'enfer a-t-il donc le droit de réclamer quelque faveur ? La contradiction, l'humiliation, les mépris seuls me sont dûs...... »

Le cher Frère prolonge encore ces réflexions et il les termine ainsi : « Voilà bien tout ce qu'on me doit... Lorsqu'on m'accorde quelque chose de plus, je dois en remercier Dieu, prier pour ceux qui me l'ont donnée et faire en sorte de leur rendre tous les services en mon pouvoir, pour les remercier.

« Pendant que j'écris ces lignes, je sens la nature vaniteuse, superbe, immonde, se révolter, se raidir, protester de son mieux. Mais qu'importe, il faut que j'en arrive là pendant cette retraite. »

Energique résolution, fruit d'une contrition bien parfaite, d'un ardent désir de glorifier Dieu, d'une vive reconnaissance pour ses miséricordes, il lui faudra livrer de laborieux combats : il les prévoit ; mais, appuyé sur la grâce, il est résolu de marcher vaillamment à l'ennemi. Ecoutons-le :

« Quoiqu'on me fasse, quoiqu'on me dise, je ne serai touché de rien. — Mais c'est là le difficile : abattre la nature. — Après tout, les sentiments ne font rien, pourvu que la volonté aille droit à Dieu. »

4° Saintes Larmes. — Communion fervente. — Flammes d'amour

Ce fut dans ces dispositions qu'il se prépara à la confession de sa retraite. Après l'absolution, il écrivait :

« O mon Jésus, que vous avez été miséricordieux envers moi ! Vous m'avez pardonné de nouveau toutes mes fautes. Bien plus, vous m'avez fait, ce soir, une grâce si pressante que je ne pus résister ; il me fallut employer la récréation à pleurer. » Larmes brûlantes, larmes de regret de ses ingratitudes passées ; larmes de reconnaissance et d'amour.

Le lendemain, 1er mai, même faveur lui fut accordée.

« A midi, comme j'avais servi mes frères au réfectoire, j'avais grande envie de lire les *Annales* de Notre-Dame du Sacré-Cœur en prenant mon repas ; je m'en suis privé pour Notre-Seigneur, le priant de m'accorder quelque grâce en retour. Au sortir du dîner, comme j'allais faire ma visite au Saint-Sacrement, ainsi qu'il est d'usage, je me suis senti pris d'une si violente douleur de mes péchés, que je ne pus retenir mes sanglots et mes larmes ; longtemps prosterné devant le tabernacle, elles coulaient en abondance, bien amères et bien douces à la fois. Bien amères : parce qu'elles sortaient du cœur, profondément affligé de mes outrages envers mon Dieu et de l'usage que j'avais fait de ses grâces jusqu'ici ; bien douces : parce qu'elles étaient un gage de pardon. Les saints Anges, je l'espère, les ont recueillies pour les offrir à Jésus et lui demander miséricorde en ma faveur.

« Je n'osais plus sortir du saint lieu, par crainte de laisser voir mon visage inondé de larmes. Enfin, pour ne pas violer mes saintes règles, j'allai me promener au jardin, en me dérobant aux regards, dans une allée solitaire, où je pus m'abandonner au sentiment qui me pressait si fort.

« Quel bonheur d'avoir, par là, consolé un peu le Cœur de mon bon Maître que j'ai tant contristé, misérable que je suis !

Le matin même, il avait communié. On peut, par les vifs sentiments de parfaite contrition dont son cœur débordait, présumer les dispositions dont il était animé : mais il vaut mieux l'entendre les dire lui même. Il faut savoir que, pendant les retraites, les communions ordinaires sont suspendues pendant les premiers jours ; on en était arrivé au cinquième.

« Enfin, s'écrie-t-il, j'ai eu le bonheur inestimable de recevoir mon bien-aimé Jésus ! Comme je me suis entretenu affectueusement avec Lui ! Comme je lui ai demandé avec amour de m'accorder ses grâces!.....

« Que je serais heureux de voir son divin Cœur un peu plus aimé, un peu plus glorifié, un peu p'us consolé. Je voudrais, s'il m'était possible, Lui donner tous les cœurs, les consumer, les embraser de son divin amour.

« Comme l'épouse des sacrés cantiques, *je languis* d'amour (1). Je me sens comme dans un autre monde où il n'y a que mon Jésus et sa misérable créature, et je demeure comme accablé de ne pouvoir l'aimer autant que je voudrais l'aimer, de ne savoir lui exprimer mon amour, lui dire combien je lui suis reconnaissant de tant de bienfaits, accordés à un pur néant, et combien, en retour, je voudrais l'aimer.

« Non, ce n'est pas assez de lui offrir mon corps, déchiré pour son amour dans les plus longues et les plus effroyables tortures; ce n'est pas assez de mon cœur tout entier pour l'aimer. Je voudrais qu'il l'agrandit, qu'il le dilatât assez pour pouvoir l'aimer autant que je désire!.. »

5° *Héroïques désirs de pénitence. — Résolutions d'humilité*

De tels accents, des flammes si brûlantes sont plutôt du ciel que de la terre. On dirait l'âme d'un séraphin tout consumé par les ardeurs de la plus pure charité. Peut-on

(1) *Cant.* II, 5.

s'étonner, après cela, si cet angélique enfant ne respire que pénitence, ne veut vivre que pour pouvoir s'immoler tout entier au service de son Dieu ; il voudrait venger, dans les souffrances, la justice divine outragée par ses péchés.

Les pénitences ordinaires, les mortifications communes, les seules qu'on lui permette, ne suffisent pas à son amour. Il se plaint à Jésus de ce que l'obéissance enchaine ses désirs ; il lui promet d'agir plus rigoureusement lorsque, devenu missionnaire, plus rien n'entravera sa volonté. Vous êtes encore à l'âge de la croissance, lui disait son directeur, vous devez ménager vos forces corporelles, afin de pouvoir supporter les fatigues des missions. Il se résignait assurément, il obéissait, non toutefois sans se plaindre à Jésus de la violence qu'on lui faisait subir. Le sixième jour de sa retraite, je lis dans son journal cette page digne des plus illustres pénitents.

« Oh ! malheur à moi, si la flagellation, la torture, la pénitence la plus rigoureuse exercée sur ce maudit corps, n'efface pas les immondes souillures du péché !...

« Que ne puis-je, dès à présent, me martyriser à mon aise ! C'est bien pour moi le plus grand des martyrs, d'être obligé d'attendre que mon corps soit formé, pour pouvoir le crucifier avec vous, ô Jésus, sur la croix de la pénitence. Il me faut, au contraire, employer maintenant tous les moyens honnêtes de le rendre vigoureux. Je me vois obligé, par l'obéissance, de ménager cette chair coupable ; mais, vous le savez, ô mon aimable Sauveur, c'est pour exercer, envers elle, des rigueurs d'autant plus grandes, que j'aurais dû attendre davantage. Dans six ou sept ans, lorsque je serai prêtre, alors je pourrai partir pour les Missions, et, comme Monseigneur Verjus l'écrivait : « Alors que l'obéissance me commandera de travailler, je pourrai crucifier ce corps, le martyriser tout à mon aise... »

« En attendant, je dois m'immoler par la mortification des passions, par l'abnégation de ma volonté propre, par l'observance des plus petites de mes saintes règles. — O mon Jésus, je veux devenir un parfait religieux. Je le serai aidé du secours de votre grâce. »

La perfection à laquelle il aspire, dont il a une faim et une soif si pressantes, le cher Frère la voit dans l'imitation de son bien-aimé Jésus, ainsi qu'il le nomme si fréquemment. Il veut devenir *doux et humble de cœur*, à son exemple.

Il répète donc sa résolution : « Oui, je serai un parfait religieux par l'abnégation de moi-même, par la charité la plus grande, la plus sincère, la plus cordiale, puisque tout ce que je fais au moindre de mes frères, c'est à vous-même, ô mon bien aimé, que je le fais.

« La charité donc et l'humilité encore. Jésus ne me dit-il pas : *Apprenez de moi que je suis doux et humble de cœur ?*

« Puisque je dois être, ô Jésus, le Missionnaire de votre Sacré Cœur, ne faut-il pas que je pratique ces deux vertus ?

« Et qui donc, plus que moi, a sujet de s'humilier et de se considérer comme indigne de servir, même le dernier de ses frères ? Oui, qui ?.. Dois-je le demander, après mes fautes sans nombre ?.....

« Si mes Frères me connaissaient, comme ils me mépriseraient. Ils redouteraient de s'approcher de moi, de crainte que le feu du ciel ne les consume avec moi !...

« Et moi-même, oserai-je me tenir en leur société ? leur parler, les reprendre, leur répondre avec aigreur ?... Ne devrai je pas plutôt agréer tout de leur part, et moi-même disparaître, m'ensevelir sous terre dans la plus profonde obscurité ?.....

« Voilà ce que je serais, s'ils me connaissaient ! Voilà ce que *je dois être !* »

Et il souligne ce mot « ce que je dois être », comme pour le graver plus profondément en son cœur.

Dès ce commencement de la retraite, le cher Frère gravit déjà les hauts sommets — ou mieux, pour parler avec saint Augustin (1), il creuse d'autant plus les fondements de l'édifice de sa perfection, qu'il veut l'élever plus haut, pour la gloire de son bien aimé Jésus.

Le parfaitement humble ne se contente pas d'avoir de vils sentiments de lui-même ; il aime, il désire les humiliations ; il les veut, il s'en réjouit, parce qu'elles lui donnent un trait de ressemblance avec son divin Modèle. Il sait que pour vaincre la superbe, il se faut humilier. Notre

(1) Serm. 10. *De Verb. Dom.*

cher Frère le comprenait ainsi, et il s'étudiait de mille manières à se procurer ce mets délicieux des grandes âmes.

« Je voudrais que l'on me permit de m'étendre devant la porte du réfectoire, pour avoir la joie de me voir foulé aux pieds par mes Frères. Quel délicieux moment je passerais là : méprisé, raillé, moqué, écrasé comme un ver de terre. Quel bonheur ! Il faut que je demande cela au Père Maître. S'il me refuse, ce sera encore une humiliation, et, devant Dieu, j'aurai quand même le mérite.

« Je voudrais bien encore qu'il me fut possible de baiser les pieds de tous mes confrères. — Pratique qu'aimait saint Jean Berkmans.

« Comme je presserais, dans mes bras, ces pieds, qui deviendront, un jour, des pieds de Missionnaires ; de ces pieds étincelants d'apôtres : *Quam speciosi pedes evangelizantium bona !* Des pieds qui seront, peut-être, un jour chargés de chaînes pour le nom de Jésus ! Quelle joie, si on voulait me le permettre ! »

Voilà donc cet enfant, doué de brillantes qualités, capable de faire bonne figure dans le monde, méprisant ce monde et tous ses prétendus avantages ; le voilà, plus avide de sacrifices, de tourments, de tortures, que les mondains ne le sont de folles joies, de plaisirs et de fêtes ; le voilà, ambitionnant, recherchant les humiliations, comme les autres courent à la poursuite de la fortune, à la conquête des honneurs. Travailler, souffrir et mourir pour Jésus, être ignoré, méprisé pour Jésus, voilà son idéal, sa passion ; celle qui domine toutes les autres et les dirigera toutes. Si ce n'est pas là de l'amour, la sainte folie de l'amour divin, où pourra-t on le trouver ?

Ce divin amour, quand il possède une âme, la crucifie douloureusement, puisque l'amour ne peut vivre sans la croix ; mais aussi qu'il la fortifie et la console délicieusement !

« Non, rien n'est plus doux que d'aimer Dieu ; rien de « plus fort, rien de plus sublime, rien de plus large, rien « de plus rempli de mérites, rien de plus suave que ce « saint amour ; parce qu'il est né de Dieu et qu'il se « repose en Dieu seul, au-dessus de tous les objets « créés (1). »

6° *Consolations*

Le cher Frère, comme toutes les âmes éprises de l'amour de Jésus, connaissait, d'expérience, tout cela. Il souffrait en aimant et il jouissait en souffrant, ou du moins en voulant souffrir pour son Jésus bien-aimé. Laissons-le nous exposer lui-même l'état de son âme. C'est par là qu'il termine son journal de la première semaine des exercices ; c'est aussi par ce tableau que finira ce trop long chapitre.

« Oh ! que le Cœur de mon Jésus est donc miséricordieux ! Pendant cette semaine, où j'ai dû repasser mes nombreuses iniquités et les pleurer pour m'en purifier, ce

(1) *Imit.*, lib. III, c, V, 3.

bon Maître m'inonde de consolations. Je goûte un bonheur ineffable, une joie toute céleste qui m'enivre, qui me consume du désir de souffrir, pour payer mon Jésus de retour.

« Bien différentes furent les trois années malheureuses où j'ai oublié mon Dieu et l'ai tant offensé ! Alors, plus de vrai sourire, plus d'affabilité, de délicate attention envers personne ; pas de paroles gracieuses, pas un mot pour consoler mes frères ; aucune joie dans l'âme, aucune expansion, aucune dilatation du cœur. Alors je n'avais d'estime pour personne, mais la critique sans cesse sur les lèvres, je ne savais plus voir que les défauts des autres ; mes professeurs eux-mêmes n'étaient pas épargnés ! Dans cet état désolant, ma légèreté naturelle avait redoublé ; mais l'application à l'étude, le travail diminuaient et mon intelligence semblait comme rouillée. Et tout cela parce que je n'aimais plus rien que moi-même. Certainement, je n'ai pas peu contribué à refroidir la charité et à détruire la bonne harmonie, que notre Père Directeur travaillait, avec tant de zèle, à maintenir et à développer parmi nous. Puissé-je n'avoir jamais été cause de la perte de quelque vocation ! »

Ce tableau paraîtra bien changé, trop sombre à ceux qui ont vécu avec le Fr. Devernoix pendant ces trois années, qu'il a voulu se représenter ici. Assurément, le cher enfant s'exagère la portée de ses fautes. Toute réserve faite, il exprime à sa manière la pensée de saint Augustin disant, dans la plénitude de son intelligence et après une dure expérience : « O mon Dieu, vous nous avez faits pour vous et notre cœur est sans cesse dans l'inquiétude jusqu'à ce qu'il se repose en vous (1). » Non, il ne peut y avoir de joie intérieure, de douce paix et de suavité pour celui qui vit dans la négligence de ses devoirs.

L'œil est souverainement utile à l'homme, il lui procure de nombreuses et douces jouissances ; mais combien sensible et délicat est cet organe. Une simple pellicule obscurcit sa lumière ou l'éteint ; une poussière, un rien le rend incapable de voir et lui fait endurer parfois des souffrances intolérables. Non moins sensible, non moins délicate, la conscience ! La moindre infidélité, la moindre souillure la blesse et la prive des consolations célestes. Combien aveugles donc les âmes tièdes, qui refusent à Dieu les moindres sacrifices. Vivant dans l'oubli des petits devoirs quotidiens, elles perdent les familiarités si suaves de Jésus et demeurent sans mérites pour l'éternité. Etat désolant que notre cher Frère nous a décrit avec tant de vérité. Ecoutons-le, disant ses consolations :

« Maintenant, quelle douce paix, quelle bienfaisante rosée de grâce rafraichit mon cœur altéré d'amour... Une douce et caressante harmonie chante en mon âme les miséricordes de mon Dieu. Et cependant, c'est à moi, le coupable, le misérable pécheur, que ces faveurs sont accordées ! A moi qui, bien plus justement que Marie-Madeleine *la pécheresse*, mérite de porter ce titre infamant de pécheur.

(1) Confess.

« Mais que la miséricorde de mon Jésus est infiniment infinie ! Vraiment (qu'il me pardonne ce langage), c'est à juste titre qu'on l'a revêtu de la robe des insensés ; il est bien fou d'amour !... Avoir aimé à ce point un pécheur, le plus ingrat des ingrats, n'est-ce pas une sorte de folie ? Oui, la sainte folie de la croix. Je ne trouve pas, dans le langage humain, d'autre expression pour dire l'amour excessif, l'amour infini de mon Sauveur pour son misérable néant.

« Puisqu'il m'a tant aimé, ne faut-il pas que, comme saint Pierre repentant, que comme Madeleine pénitente, je l'aime autant que je l'ai offensé ? Pour cela, il me faut devenir un parfait religieux. Je ne puis le devenir que par un complet détachement des créatures, pour ne plus vivre que dans l'amour de mon Créateur. Pour commencer cette vie de détachement, j'ai voulu faire, aujourd'hui, le sacrifice d'un beau couteau auquel je tenais beaucoup.

« Quel bonheur de faire quelques sacrifices pour Jésus! L'onction de sa grâce les rends doux et légers. Aussitôt après que j'eus remis mon fameux couteau au R.P. Maître, Notre-Seigneur imprima, dans mon âme, un si vif sentiment du regret de mes fautes et une telle reconnaissance du pardon qu'il m'en a accordé, que je ne pouvais plus retenir mes larmes. »

Ainsi se termina la première semaine des saints exercices. Une âme si généreusement purifiée ne put que marcher de progrès en progrès dans les suivantes.

CHAPITRE X

CONTINUATION DE LA GRANDE RETRAITE

Pour peu que l'on soit versé dans la pratique des saints exercices, on a pu facilement se rendre compte que le F. Devernoix, dès la première semaine, avait atteint déjà le but de la seconde. Comme une colombe échappée des mains qui la retenaient captive, il s'est élevé à une grande hauteur de vue et de sentiments, et là, le regard fixé sur son bien-aimé Jésus, il oublie tout le reste, tendant sans cesse, par de nouveaux et plus généreux efforts, vers le but qu'il s'est proposé : sa vocation sainte, la vie religieuse, le sacerdoce, l'apostolat. Il a donc franchi, dès la première semaine de sa retraite, les divers degrés que les âmes ordinaires gravissent l'un après l'autre et par un labeur persévérant.

L'âme en effet qui suit les exercices se purifie, pendant la première semaine, des souillures du péché et travaille à se défaire de toute affection déréglée, afin de pouvoir, durant la seconde, *règler sa vie* sur celle de Jésus, le divin modèle des âmes. C'est pourquoi elle doit, dans ses contemplations, étudier les mystères de la vie du Sauveur depuis son incarnation jusqu'à sa passion douloureuse. Chaque mystère lui montre, dans une vive lumière, quelques-unes des vertus du Sauveur dont la voix bénie lui dit à chaque pas dans cette sainte carrière : *Je vous ai donné l'exemple afin que vous fassiez comme j'ai fait moi-même* (1) *Venez, suivez-moi* (2). « Que celui qui veut « venir avec moi travaille avec moi ; qu'il me suivre dans « les fatigues afin de me suivre dans la gloire », lui fait dire saint Ignace (3).

1° Jour de transition

Deux sortes de personnes suivent Jésus-Christ; les unes font le nécessaire pour le salut en combattant, par le secours de la grâce, le démon, le monde et les passions : elles sont comme le gros de l'armée du divin Roi des âmes. Les autres, plus généreuses, « veulent s'attacher « plus étroitement à Jésus-Christ et se signaler au service « de leur Roi éternel et Seigneur universel » (4). Celles-ci forment, comme un corps d'élite, travaillant avec plus de

(1) *Saint Jean.* XIII, 19.
(2) *Saint Math.* IX, 9.
(3) *Considérations du règne.*
(4) Ibidem.

dévouement et d'amour pour la gloire de Dieu et le salut des âmes.

Le Frère Devernoix n'avait point d'autre désir que de s'enrôler dans ce corps d'élite : « Ah ! Seigneur, s'écrie-t-il, si je veux vous suivre ! Si je veux me signaler dans votre milice ! Si je brûle d'étendre votre règne et d'embraser les cœurs de votre amour !... Quelles seraient donc les aspirations de mon cœur, si ce n'étaient celles-là ?

« Avant mes désordres, je n'en avais pas d'autres ; puis-je en former d'autres après avoir connu les excès de votre miséricorde et les douceurs de votre amour ? Oh ! oui, que votre règne arrive ! Régnez, ô mon bien-aimé, régnez sans réserve sur mon cœur, et faites que ce cœur, devenu par votre grâce une fournaise d'amour, je répande autour de moi ce feu sacré, et que j'aille le porter jusque chez les chers Kanaks pour les embraser de ses flammes.

« Je veux braver tous les obstacles, tous les périls, toutes les souffrances, aidé de votre grâce, pour travailler, de toutes mes forces, à l'établissement de votre règne, afin que le feu du divin amour consume tous les cœurs. »

Le cher Frère employa le reste de cette journée dans ces dispositions. Vers la fin, comme il rappelait à sa mémoire d'effrayants martyres de saints missionnaires et de généreux néophytes et qu'il demandait à Dieu une mort semblable. il s'arrête tout à coup disant : « Mais de quoi m'occupai-je ? Ne savez-vous pas mieux que moi ce qui me convient ?... Cependant laissez-moi vous dire, ô mon Jésus, que je ne crois pas, les plus épouvantables tourments de cette terre, suffisants pour expier mes ingratitudes. O Jésus ! que je vous ai fait souffrir ! Donnez-moi de pouvoir unir quelques souffrances aux vôtres. Ne serait-ce que pour vous exprimer mon amour. »

Le lendemain était jour de repos. Après chaque semaine de la grande retraite, on suspend les exercices ordinaires pour prendre quelques délassements : récréations, promenades. Plusieurs, sans cette halte, se fatigueraient outre mesure et manqueraient de forces nécessaires pour terminer avec fruit leurs saints exercices.

Notre cher Frère profita de cette journée de plus grande liberté pour jeter un regard sur la semaine qui vient de s'écouler. « Déjà neuf jours de retraite ! Qu'ai-je fait pendant cette première semaine ?... En tout cas il me semble que j'ai bien fini par persuader à mon Jésus que je l'aime, tant je le lui ai répété souvent : et à ma bonne Mère donc !.. »

Il se demande ensuite quels sont ses progrès. « Oh ! comme je suis misérable ! J'ai passé tout ce temps en de doux sentiments, sans prendre de sérieuses résolutions. Pourtant, ajoute-t-il, il me semble que je suis disposé à mourir mille fois, plutôt que de consentir au moindre péché véniel ; que j'ai acquis une plus grande défiance de moi-même, une plus grande confiance en la miséricorde de mon Dieu et en la bonté de ma céleste avocate Marie, ma bonne Mère. »

Cependant une pensée surgit en son âme : Quel usage fera-t-on de ses notes de retraite, du journal de sa vie, s'il vient à mourir sans les avoir pu détruire ? On l'admirera pour ses bons sentiments, oui, mais on y trouvera aussi la trace de toutes ses ingratitudes envers son Dieu. Ces deux impressions contraires rendent son âme perplexe. Vanité d'une part, fausse honte de l'autre : que faire ?

La délibération ne fut pas longue. Une humiliation remportera la victoire sur l'une et l'autre. « Ah ! j'ai peur que l'on apprenne un jour ce que j'ai été !... » Aussitôt, sans aucun ménagement, il dresse la liste de ce qu'il nomme, non sans exagération, ses monstrueuses ingratitudes, et il l'écrit, tout au long, dans son journal. Puis, satisfait d'avoir joué un bon tour à l'amour-propre, il ajoute ironiquement: « Qu'après cette déclaration, vienne encore me tourmenter le désir de me faire admirer !.. »

Ainsi agissait cet héroïque enfant : il ne lui suffisait pas de résister aux attaques de ses ennemis ; mais afin de remporter une victoire complète, il les poursuivait jusque dans leurs derniers retranchements.

Toutefois, que l'on ne soit point surpris de ne plus trouver dans la suite des notes de retraite, la même fécondité de vifs sentiments, d'admirables résolutions que dans celles des premiers jours. Pour être moins sensibles, moins apparentes, les opérations de la grâce, dans cette âme, n'en seront ni moins réelles, ni moins efficaces.

Le jus du raisin, nouvellement pressé, entre vite en fermentation et ce premier travail s'accomplit avec une grande activité, une sorte de violence ; bientôt la liqueur, déchargée des éléments étrangers, entre dans une nouvelle phase d'élaboration plus calme, plus silencieuse, jusqu'à ce qu'elle ait atteint sa perfection.

Le divin ferment de la grâce agit de même, dans les âmes qu'il transforme. Il y opère d'abord avec plus d'effort, d'une manière plus sensible, jusqu'à ce qu'il l'ait purifiée des souillures du péché ; puis son action toute intérieure, se poursuit avec plus de douceur et laisse moins sentir sa puissance. On dirait un torrent impétueux qui d'abord surmonte et renverse les obstacles, et devient ensuite un fleuve majestueux et paisible portant sur son cours la fécondité et la vie.

Le Fr. Devernoix, il semble, est parvenu à cette seconde période, du moins en ce qui concerne les saints exercices. Il continuera assurément à pleurer ses fautes et à s'en humilier, à produire des actes d'amour, à admirer les effets de la divine miséricorde envers lui, à désirer la souffrance, à vouloir l'entière immolation de tout son être, à se préparer aux œuvres de l'apostolat : en un mot, il s'efforcera d'acquérir, par tous ces actes, *la science éminente de Jésus-Christ*, pour laquelle l'Apôtre s'est dépouillé de toutes choses, les estimant comme une perte, les regardant comme un vil fumier (1).

2° *Seconde Semaine*

Le novice veut retracer en lui-même l'image de son

(1) *Épît. aux Philippiens*, III, 8.

Sauveur ; il en a déjà dessiné les grandes lignes d'une main ferme ; l'ensemble forme une ébauche belle et de grand effet ; dans la suite de la retraite, il va s'appliquer à reproduire les détails de son divin Modèle, à rendre chaque jour son œuvre plus parfaite.

Le mystère de l'incarnation enflamme son amour pour les âmes ; il considère surtout Marie dans la prière, conjurant le Père des miséricordes d'envoyer enfin celui qu'il doit envoyer. — « Elle a hâte de voir son Sauveur. Mais combien son intention est pure ! — Oui, mon Dieu, venez sauver les hommes. Voyez combien courent à leur perte ! Quelle douleur ! O mon Dieu, ces âmes ne vous loueront donc, ne vous aimeront jamais, vous, l'infiniment aimable, vous, que je voudrais voir aimé par chacun des hommes ! Ces cœurs, qui n'ont reçu la vie que pour vous aimer, seront-ils donc éternellement séparés de vous, ô Dieu des miséricordes ! Ayez pitié d'Israël votre peuple ; ayez pitié des âmes ! »

Les mystères de la sainte enfance du Sauveur lui enseignent le mépris des vanités, l'amour de la pauvreté ; la contemplation de Jésus au Temple, le fait penser aux sacrifices de la séparation lorsqu'il devra quitter pour toujours ceux qu'il aime. — « N'importe, il me faudra briser tous ces liens et redire avec Jésus : *Il faut que je sois tout entier aux choses qui regardent le service de mon Père* (1).

(1) *Saint Luc*, II, 49.

Le jour où il fit la méditation *de deux étendards*, pour apprendre à connaître les ruses du chef des méchants et se prémunir contre ses pièges et aussi pour acquérir la connaissance de la véritable vie qui nous est montrée en Jésus-Christ Notre-Seigneur, il écrivait: « Impossible d'être le disciple de Jésus-Christ sans la pauvreté spirituelle au moins. Comment devenir son Apôtre si l'on fuit les rigueurs de cette vertu ?

« La pauvreté, le désir des opprobres et des mépris doivent être mes vertus de prédilection... Je suis convaincu que le religieux qui pratique toutes les observances de la pauvreté ne peut être qu'un bon, qu'un saint religieux. De plus, la pauvreté est la racine de l'humilité, comme le dit sans François d'Assise, bon juge en cette matière. »

Pendant cette semaine, comme dans les précédentes, ses communions inondent son âme de célestes consolations. Il ne peut s'en taire: « Je viens de faire la sainte communion en l'honneur de ma bonne Mère. Quels délices ! quelle joie inconnue à la terre! Quel bonheur ! Je ne pouvais plus respirer tellement mon cœur était attiré par mon Jésus. Pendant l'action de grâce, à peine ai-je pu dire une parole, tant j'étais comme abimé en mon bien-aimé. Je sens bien, à la joie qui déborde de toutes parts, que le bon Jésus est heureux de venir dans ce cœur qui, après l'avoir tant offensé, veut tant l'aimer, n'aimer que lui ! »

Et il laisse courir sa plume pour épancher le trop plein

de son âme ; il remplit toute une page de ses brûlantes aspirations, de ses généreuses résolutions.

Le lendemain, il se consacrait de nouveau au Sacré Cœur sans aucune réserve. « Ce n'est pas la première fois, écrit-il, ni la dernière assurément... Je lui ai demandé de me faire mener sur la terre, la vie qui me méritera de l'aimer davantage dans le ciel, de me faire souffrir, en ce monde, tous les tourments que je devrais endurer au purgatoire. Certes, la vie sera rude ; elle sera cruelle, insupportable à la nature, qui a joliment trépigné, pendant que je demandais cette grâce. Allons, tout cela sera bientôt passé... Qu'importe les réclamations de la nature, puisqu'avec la grâce, on peut tout. *Omnia possum in eo qui me confortat* ».

Ce même jour, méditant sur les béatitudes, il s'arrête spécialement sur la quatrième : *Bienheureux ceux qui ont faim et soif de la justice*, il la commente ainsi : « O mon Jésus, comme j'ai faim et soif de vous faire régner dans tous les cœurs ! Que j'ai faim de pouvoir, moi, devenir votre prêtre, faire moi-même ce pain sacré de votre Eucharistie qui fortifie les âmes ! Que j'ai soif de m'enivrer de votre sang précieux dans le calice des ministres de votre saint autel ! Qu'il est donc beau ce calice où l'on boit les saintes ivresses de votre amour ! *Calix meus inebrians quam præclarus est* (1).

« Mais que j'ai faim aussi, non seulement de rassasier

(1) *Psal.* XXII, 5.

la faim de vos fidèles en leur donnant votre corps sacré, mais encore d'entendre votre nom béni, ô Jésus, tomber des lèvres de ces chers infidèles, que je ne puis nommer autrement que « nos chers enfants de Nouvelle-Guinée...

« O Jésus ! comme je souffre de voir que tant d'âmes, faute de Missionnaires, seront privées toute l'éternité de la vue de ce Dieu si bon, si miséricordieux. Elles ne pourront, hélas ! le louer dans son beau ciel ! »

Après de tels accents, tout commentaire serait superflu. O ! vraiment bienheureux ceux que tourmente une telle faim, que brûle une telle soif, car ils seront rassasiés. Jésus l'a solennellement promis (1).

Telles étaient les dispositions du fervent retraitant à la fin de la seconde semaine : volonté ferme de suivre Jésus dans la voie de la pauvreté et des humiliations ; ardent désir de se dévouer au salut des âmes ; besoin, chaque jour croissant, de souffrir pour venger la majesté divine outragée par ses ingratitudes passées, faim et soif d'aimer Jésus, de le faire aimer afin que les âmes soient sauvées, afin que Dieu soit éternellement plus connu, plus glorifié.

Heureuses dispositions pour faire les contemplations sur la passion, sujet des exercices de la troisième semaine.

(1) *Saint Math.* v, 6.

3° *Dernières semaines. — Résolutions. Réflexions de la fin.*

L'homme, quelqu'il soit, trouve en lui-même deux ennemis, dont l'influence néfaste paralyse souvent ses plus généreuses dispositions : sa faiblesse et son inconstance. Pour prémunir le retraitant contre ce double danger, saint Ignace propose à ses méditations, les souffrances et les humiliations de Notre-Seigneur, afin de l'affermir dans ses résolutions et d'assurer sa persévérance.

Heureuses les âmes qui viennent puiser aux sources mêmes du Sauveur, c'est-à-dire, dans la contemplation de ses plaies sacrées et des mystères de ses ineffables douleurs, les eaux salutaires de la grâce ; aussi longtemps qu'elles se désaltèreront à ces sources fécondes, elles n'auront rien à redouter de leur faiblesse et de leur inconstance.

Mais, hélas ! combien peu nombreuses sont-elles ?

Le Fr. Devernoix qui voulait, avec saint Paul, ***ne savoir que Jésus et Jésus crucifié*** (1), comprit vite quelle abondance de grâce il trouverait dans la contemplation de ces douloureux mystères. Son âme ardente, consumée du désir de s'immoler pour Jésus et avec lui, voyait, dans les excès d'amour du Sauveur, un aliment nouveau à cette soif d'immolation qui le dévorait.

(1) I *Corinth.* II, 2.

Voir Jésus, à la dernière Cène, instituant l'adorable Eucharistie, le sacerdoce nouveau, afin de donner aux hommes, au prix de si grands sacrifices, le vrai pain de vie ; contempler ce doux Sauveur, à Gethsémani, dans les tristesses profondes, dans les épouvantes et les angoisses d'une mortelle agonie ; le considérer au tribunal de Caïphe, au prétoire chez Hérode ; assister à la sanglante flagellation ; le suivre sur la voie douloureuse ; se tenir aux pieds de la croix avec Marie, sa Mère, abîmée dans sa douleur, avec saint Jean, le disciple tant aimé du Sacré Cœur, avec Madeleine, la pénitente ; comme tout cela parlait vivement au cœur de cet amant passionné de Jésus.

Voilà ce que Jésus a fait pour sauver les âmes ; voilà ce qu'il voudrait faire lui-même, si Dieu lui en donnait la grâce.

Le Père Directeur avait recommandé aux retraitants de chercher, pendant cette troisième semaine, plutôt à produire des affections qu'à faire des considérations ; de plus, il avait permis de passer en prière, à la chapelle, tout le temps laissé libre. Le cher Frère usa largement de cette permission. On le voyait, prolongeant ses contemplations longtemps après l'heure passée ; souvent, il suivait les stations du chemin de la Croix, arrosant de ses larmes, tous les pas du Sauveur. Il eut bien voulu les arroser de son sang. S'il n'avait été arrêté par l'obéissance, il n'eut pas hésité à déchirer sa chair, si faible et délicate, par de sanglantes flagellations. Il lui fallait se faire violence pour ne pas dépasser les limites tracées ;

il les trouvait parfois bien étroites, mais, selon son grand principe : l'obéissance vaut mieux que le sacrifice, il demeurait en paix, offrant à Jésus ses désirs et sa bonne volonté.

Au milieu de ces exercices, notre cher Frère ne trouvait plus le temps de mettre son Journal à point. Autant ses notes étaient abondantes les deux premières semaines, autant elles sont rares pendant la troisième. Dans l'une d'elles, il s'exprime ainsi :

« Il me semble que le moyen de faire à Dieu le plus grand plaisir, c'est de lui offrir aussi souvent qu'on le peut, les souffrances de son divin Fils.

« En lisant la vie de la bienheureuse Marguerite-Marie, j'ai remarqué que Notre-Seigneur lui recommandait souvent cette pratique, et voilà que je trouve la même recommandation dans les prières de sainte Gertrude.

« Aussi, j'ai fait avec le Père Céleste ce pacte : A chaque battement de mon cœur, chaque fois que je mettrai la main sur la poitrine, je le prie, à l'avance, d'agréer l'intention, que j'ai de lui offrir, par là, le Cœur de son divin Fils et tous les mérites de ses souffrances, en union avec tous les mérites de ma bonne Mère du ciel, de tous les Anges et de tous les Saints.

« N'est-ce pas un excellent et facile moyen de satisfaire à la justice divine pour mes péchés ? D'ailleurs, si j'accomplissais toutes mes actions, uniquement pour la gloire de Dieu et le salut des âmes, selon les divines intentions de Notre-Seigneur dans sa passion, quels immenses mérites je pourrais acquérir. Pourquoi n'agirai-je pas ainsi, désormais ? »

Il ne faudrait pas croire, cependant, que tout fut consolation et joie pour notre cher Frère, pendant cette retraite ; il y trouva, comme tous ses confrères, des heures laborieuses ; des jours de sécheresse ; parfois l'ennemi le pressait fort, le combat était rude. Le cher enfant, alors, résistait vaillamment ; il priait, il s'humiliait, il recourait aux pratiques de pénitence et, par la grâce de Dieu, il sortait victorieux de la lutte. Sa maxime était que le sentiment n'est point nécessaire à la dévotion. — « La généreuse fidélité à la volonté divine, le parfait accomplissement du devoir quotidien, voilà la vraie, la solide dévotion. Dans les désolations et les tentations, il importe de ne rien changer à ses bonnes résolutions, mais il faut continuer bravement le devoir et ne tenir aucun compte des impressions, ni des sentiments. »

Le vingt-et-unième jour de la retraite, il se pose cette question : « Quelles résolutions vais-je prendre ? »

Les résolutions d'un novice à la fin de la grande retraite ne peuvent être nombreuses ni difficiles à trouver. La vie du noviciat préserve de tout danger sérieux ; tout est réglé : il n'y a qu'à suivre généreusement la voie tracée ; se proposer la correction d'un défaut, l'acquisition d'une vertu principale ; par ce moyen et par la générosité dans le devoir, le novice se sanctifie nécessairement.

« Le meilleur moyen de vaincre, dit le cher Frère, c'est

de n'attaquer qu'un seul ennemi et de le pousser avec vigueur jusqu'à ce qu'on l'ait terrassé.

« J'ai entrepris de faire assaut à la vertu de douceur ; je ne vais faire autre chose que de travailler à me vaincre jusqu'à ce que je la possède.

« Donc, ma résolution est :

1° De bien me convaincre que je suis le dernier de mes frères ; un pauvre reçu par compassion, un infâme pécheur, supporté par charité dans la maison de Dieu. On fait toujours trop pour moi.

« 2° Un pauvre ne doit jamais se plaindre ; il demande humblement et ne s'offense pas des refus ; si on lui accorde, c'est une faveur dont il doit remercier l'auteur en priant pour lui.

« Me considérant ainsi avec mes frères, je garderai la plus stricte modestie, leur laissant volontiers la parole, ne parlant pas trop moi-même, ne cherchant pas à montrer de l'esprit.

« 4° Enfin, — et c'est là le difficile, — je me montrerai envers tous doux, bon, affable, prévenant, aimable, patient, compatissant, excusant toujours, ne critiquant jamais.

« Voilà ma résolution principale : je devrai encore m'appliquer à observer strictement mes saintes règles, même les plus petites ; étudier sérieusement et faire enfin tout *à la missionnaire.* »

Ces résolutions, il les enferma dans le Cœur de Jésus

et les plaça sous la sauvegarde de Marie et de son bon ange.

« O ma tendre Mère, et vous, mon saint Ange Gardien, gardez la porte de ce divin Cœur, de telle sorte que si je voulais en sortir pour retourner en arrière, vous m'arrêtiez par votre bras puissant et me reteniez dans ce divin Cœur, source de tout bien, d'où découlent les grâces qui font les Saints, les Apôtres, les Martyrs ! »

Sur le point de terminer cette longue retraite, le cher Frère jette un regard sur le chemin parcouru, et il se demande avec anxiété : « Qu'ai-je fait jusqu'ici, ô mon Dieu ! En me posant cette question, j'ai peur de n'avoir pas bien profité de vos grâces. »

Cependant, il retrouve promptement la confiance, dans la pensée qu'il a mis sa bonne volonté, et qu'il est fermement résolu de ne rien négliger pour devenir un saint Missionnaire.

« Dans cette retraite, ajoute-t-il avec un grand sens, l'Esprit-Saint a travaillé en nous. Nous nous sentons, il est vrai, toujours les mêmes défauts, les mêmes inclinations ; mais, en réalité, nous avons plus de force pour les combattre, plus de générosité pour vaincre. »

« Il dit encore ailleurs : « Ces considérations, que nous avons faites sur les grandes vérités, se gravent dans l'esprit, sans même qu'on s'en aperçoive ; mais vienne une tentation, elles se réveillent au fond de l'âme. Alors, si on a un peu de générosité, cela soutient et empêche de tomber. J'en ai, plusieurs fois, fait l'expérience ; un bon exemple, un mot, une pensée de la méditation du matin, à une puissance particulière, pour arrêter la volonté sur le penchant de l'abîme. »

C'est bien cela, évidemment. Attendre d'une retraite qu'elle élève l'âme au sommet de la perfectlon est illusion dangereuse. Les exercices corporels assouplissent et fortifient les membres et les rendent plus agiles pour les travaux : une retraite est une suite d'exercices spirituels ; elle assouplit et fortifie les puissances de l'âme et la rend plus apte à repousser les assauts de l'ennemi ; plus active, plus généreuse dans la pratique des vertus : elle ne dispense pas du combat, mais elle prépare la victoire. La retraite est encore, si l'on veut, une culture : le jardinier prépare le terrain, enlève les plantes nuisibles, jette en terre la bonne semence, plante et arrose ; voilà son premier travail ; mais il doit le continuer, selon les saisons, s'il veut recueillir les fruits. Le retraitant opère de même ; pendant les exercices, il prépare le sol de son âme, enlève les souillures du péché, reçoit la bonne semence ; pour recueillir les fruits des vertus, il doit continuer ses labeurs. Les résolutions qu'il prend indiquent assez ce qu'il doit faire.

C'est pour ne l'avoir pas compris, ou pour n'avoir pas voulu se vaincre par de généreux efforts, après la retraite, que plusieurs n'en retirent que peu de fruits.

« Il faut que chacun sache, dit saint Ignace, qu'il « avancera dans les choses spirituelles, à proportion qu'il

« se dépouillera de son amour-propre, de sa volonté pro-
« pre et de son propre intérêt (1). »

Dans cette pensée, notre cher Frère s'abandonnait entièrement à son tout aimable Sauveur et lui demandait, avec une confiance d'enfant, d'assurer sa persévérance. « Oh ! daignez, mon Jésus, me faire cette grâce, de demeurer toujours ferme dans les bonnes dispositions, dont votre seule miséricordieuse bonté m'a favorisé, pendant ces jours de ferveur et de joies spirituelles. O mon bien-aimé Jésus, faites que je devienne un vrai Missionnaire de votre Sacré-Cœur ! »

Il écrivait ainsi pendant la quatrième semaine des exercices. Le retraitant médite alors les mystères glorieux de la résurrection jusqu'à la bienheureuse Ascension du Sauveur. Jours bénis, pleins d'une ineffable suavité L'âme encore toute pénétrée des souffrances et des humiliations de Jésus, qu'elle vient de contempler pendant toute une semaine, voit avec grande joie se lever la radieuse aurore du triomphe. Elle demande avec instance la grâce de ressentir une vive allègresse et une joie intense de la gloire et de la joie immense de Jésus-Christ Notre-Seigneur (2). C'est comme un avant-goût du ciel qui l'unit plus intimement avec son Rédempteur, et la remplit d'un nouveau courage, pour persévérer dans l'œuvre de sa sanctification. Elle comprend mieux la nécessité de suivre Jésus-Christ

(1) De l'amendement personnel.

(2) *Contemplat. de la Résurr.*, troisième prélude.

dans le travail, afin de pouvoir le suivre dans la gloire (1) ; elle voit qu'il *faut souffrir avec Lui, afin d'être glorifié avec Lui* (2). Réconfort puissant, qui l'aide à surmonter ses faiblesses et à soutenir les combats, que doivent couronner de si glorieuses victoires.

Cette espérance soutenait le cher Frère. S'il était vivement impressionné de sa fragilité, il aimait à redire après saint Paul : *Les tribulations si courtes et si légères de la vie présente produisent en nous le poids éternel d'une sublime et incomparable gloire* (3).

Cette pensée de l'Apôtre, le cher Frère ne semble-t-il pas avoir voulu la traduire en son style pittoresque, quand il écrit au dernier jour de la retraite :

« C'est donc fini! La grande retraite à laquelle on pense si longtemps à l'avance, dont on parle tant, la voilà passée ; elle est dans l'éternité ! — C'est fini. — Voilà bien les choses de la terre : douleurs, allégresses, le temps emporte tout sur ses ailes rapides...

« Le jour des vœux, le sacerdoce, les missions, la mort se précipitent ; les voilà ! Hélas ! qu'est-ce que la terre ? Que sont, encore un coup, les choses de la terre ? Tout passe rapide comme l'ombre.

« Pourquoi tant gémir ! Pourquoi ces vaines paroles ? — Oh ! que c'est loin !.. Attendre si longtemps encore... Jamais je ne pourrai persévérer. — Et pourquoi ? — Il

(1) *Considérations de l'appel.*
(2) *Saint Paul aux Romains,* VIII, 17.
(3) II *Cor.* IV, 17.

n'y a qu'à faire les choses au jour le jour, et puis le lendemain recommencer jusqu'au soir ; ainsi, on arrive, sans trouble, sans même s'en douter, au dernier soir de la vie, soir dont le réveil est dans l'éternité.

« L'éternité ! L'éternité, voilà ce qui ne passe pas !.. Faut-il donc s'exposer à demeurer éternellement en enfer ? — Oh ! non, jamais ! Quoiqu'il en coûte, il faut être un saint.

« Que je n'oublie pas qu'il est de beaucoup plus facile de devenir un vrai saint tout entier, que d'être saint à moitié. »

Cette réflexion clos le journal de la grande retraite. Elle a duré vingt-huit jours, pendant lesquels la ferveur du jeune novice ne s'est point ralentie.

CHAPITRE XI

FRUITS PRODUITS PAR LES SAINTS EXERCICES.
SAINTES LARMES. — AMOUR DU SACRÉ-CŒUR DE JÉSUS.
ESPRIT DE MORTIFICATION.

Après la retraite, les novices reprennent leur vie ordinaire. Extérieurement aucun changement n'est survenu : mêmes exercices, mêmes travaux, mêmes difficultés à vaincre, mêmes ennemis à combattre, mêmes moyens à employer.

Alors, pourrait-on demander: quels fruits a donc produits la retraite ?

Un véritable, un sérieux progrès s'est accompli en tous ceux qui l'ont suivie avec générosité : il y a eu abondantes lumières pour l'intelligence, forces pour la volonté, générosité plus constante à repousser les attaques de l'ennemi, plus grande connaissance de ses ruses, expérience dans le maniement des armes spirituelles ; la foi devenue plus vive, la confiance en Dieu plus ferme, la charité plus active, le zèle de la gloire de Dieu, du salut de ses frères et de sa propre perfection plus prompt dans ses actes. Voilà certes de précieux résultats.

Est-ce tout ? Faut-il énumérer encore les actes des différentes vertus produits chaque jour, ou pour mieux dire à chaque instant du jour, pendant ce mois des saints exercices : prières sans nombre, pénitences, mortifications, sacrifices, actes de repentir des péchés commis, fermes propos, bons désirs, actes d'humilité, de douceur, de patience ; suffrages pour les défunts, intercession pour les pécheurs, et tant d'autres œuvres excellentes ? Autant de fruits précieux produits par les exercices spirituels, autant de mérites recueillis par les anges de Dieu, et, dont le retraitant, s'il demeure fidèle, recevra la récompense dans l'éternité.

Pour recueillir ces fruits pleins de suavité, ces ineffables mérites, il suffit de faire la retraite avec une volonté ferme de ne rien refuser à Dieu, et d'en suivre les exercices avec ferveur.

Telles étaient les dispositions du Frère Devernoix dès le commencement des exercices. Il en sortit tout transformé, comme transfiguré par la grâce. Plus rien n'arrêtera sa marche en avant. Les obstacles, les difficultés assurément surgiront sur la route qui le conduit à la perfection, mais, par la grâce de Dieu, il les surmontera ; il en fera, avec un indomptable courage, autant de degrés, afin de monter toujours plus haut : « Je veux être un saint, » disait-il au commencement de son noviciat; « Il faut que je sois un saint, » répète-t-il en terminant sa retraite. Nous espérons, qu'avec le secours du Seigneur, il n'a rien négligé pour tenir parole à Dieu.

Qu'on n'attende pas de lui, cependant, des choses merveilleuses, de ces actions extraordinaires que l'on aime à trouver dans la vie des saints et qui en font le charme principal.

La vie du noviciat se prête peu à ces sortes d'actions D'ailleurs ces choses extraordinaires, merveilleuses, servent davantage à manifester la sainteté, qu'à la produire dans les âmes. Dons gratuits de la divine munificence, Dieu les communique à qui il veut et comme il le veut, mais ils ne sont pas essentiels à la vertu. Le cher enfant reprit, avec ses confrères et comme eux, les exercices du noviciat. Il avait résolu de les accomplir parfaitement, avec toute la pureté d'intention dont il était capable ; jusqu'à la dernière heure, il demeura fidèle. Le regard le plus exercé eut difficilement découvert les hautes vertus qu'il pratiquait, tant il était habile à envelopper d'ombre ses meilleures qualités. Si la vertu, comme les fleurs, ne se trahissait par son parfum, on ignorerait encore le travail merveilleux, que la grâce accomplissait dans son âme.

Un jour, pendant le chapitre des coulpes, un de ses confrères lui faisait remarquer qu'à la chapelle, il ne se tenait pas assez immobile, que ses mouvements par trop nerveux gênaient ses voisins. Le Père Maître fit observer que les règles demandaient un recueillement tranquille dans le lieu saint, et la charité une grande application à ne gêner en rien ses confrères. Le Frère reçut en silence, avec grande modestie, et remarque et observation, se gardant bien de dévoiler la cause de son agitation insolite.

Elle provenait de son impuissance à maîtriser la violence, les sentiments, dont son cœur était plein. Lorsque, dans la suite, il avait remarqué quelques-uns de ces mouvements extérieurs, il s'en accusait comme d'un manquement, et il en demandait pénitence, couvrant ainsi d'un voile d'humilité ce qui, pour d'autres moins parfaits, aurait pu facilement devenir sujet de vaine complaisance. Après sa mort seulement, ses papiers intimes dévoilèrent son secret.

Tous, malgré cela, trouvaient à s'édifier près de lui. Sa régularité parfaite, son application au travail, sa charité, son affabilité envers chacun, son recueillement profond, montraient, aux moins clairvoyants, que son âme était à Dieu sans réserve. On sentait, en le considérant, qu'il se tenait, presque sans interruption, sous le regard de la divine majesté, uni de tout cœur à Jésus-Christ Notre-Seigneur, dont il s'efforçait, selon le conseil de saint Paul (1), de reproduire les sentiments et les affections. Gouttelette d'eau sans valeur, il voulait s'abîmer dans le Cœur sacré de son Sauveur, comme dans un océan infini de toute perfection et ne faire ainsi plus qu'un avec lui.

(1) Aux Philippiens, II, 5.

Ses pensées le portaient vers son Jésus ; ses affections s'élevaient sans efforts à Jésus ; il ne désirait, il ne recherchait que Jésus. A Jésus sans réserve pour pouvoir se dévouer au salut des âmes, et tout entier aux âmes afin de glorifier Jésus. La lecture de son Journal, après la grande retraite, laisse dans l'âme cette impression profonde, que le Frère Devernoix ne vivait, comme les justes, que de la vie de foi. Aussi ses progrès dans l'amour de Dieu furent-ils rapides et soutenus. Rien ne pouvait ralentir le vol de cette âme généreuse, si bien préparée par la pénitence, les sacrifices et le dépouillement universel de toute affection terrestre. *Tout coopère au bien de ceux qui aiment Dieu*, dit saint Paul (1), même les péchés, ajoute saint Augustin. Notre cher Frère en fit la profitable expérience. Le souvenir de ses fautes passées lui inspirait une continuelle défiance de sa faiblesse ; les infidélités, qui échappent aux plus saints eux-mêmes, le maintenaient en humilité et excitaient son ardeur. Le divin jardinier le pressait de ramasser tous ces détritus d'une vie, toujours infime en quelque chose, et d'en féconder le sol de son âme, comme le cultivateur soigneux se sert de la vaine paille, des plantes mauvaises, pour en faire un précieux engrais et se préparer, par là, un champ plus productif, des moissons plus abondantes.

Il demandait un jour à son directeur, avec une certaine anxiété de ses fautes passées, qu'il nommait, sans ména-

(1) Aux Romains, VIII, 28.

gement, ses abominables souillures, ses crimes. « Mon Père, n'est-il pas un moyen de connaître, d'une manière certaine, si les péchés ont été pardonnés ? » — Absolument parlant, non, lui fut-il répondu, puisqu'il est écrit au livre de l'Ecclésiastique : *Ne soyez pas sans crainte sur le péché pardonné* (1). *Nul*, en effet, *ne peut savoir s'il est digne d'amour ou de haine* (2). Nous ne pouvons donc, d'une certitude métaphysique, absolue, connaître si nos fautes ont été réellement pardonnées. Dieu a voulu, dans sa paternelle bonté, que le souvenir de nos péchés passés étreignît sans cesse notre âme d'une crainte salutaire qui la purifie, en nous humiliant et en nous excitant au regret de l'avoir offensé. Mais sa tendresse ne veut pas que nous soyons sans espérance. Nous pouvons avoir une certitude morale de notre pardon, si nous avons mis notre bonne volonté à recevoir les sacrements.

Le directeur ajoutait : quand le souvenir de vos fautes remplit votre âme de frayeur, humiliez-vous et excitez-vous au regret de les avoir commises : la contrition purifie. Lorsque vous devez communier, demandez encore pardon de vos souillures, puis avancez avec confiance, le cœur tout à Jésus. Il vient à vous pour guérir votre âme et il demande de votre part un filial et entier abandon.

Le cher enfant se retira tranquillisé. Dès lors, il surmonta facilement les troubles suscités en son cœur par l'ange des ténèbres, au souvenir de ses péchés.

(1) *Eccli*. v, 5.
(2) *Eccles*. XI, 1.

Le 31 mai, jour de la fête de Notre-Dame du Sacré-Cœur, on avait, avec cette fête, l'adoration du très Saint-Sacrement en union avec Montmartre. La divine hostie fut donc solennellement exposée dès la veille de la fête jusqu'au lendemain soir. Notre cher Frère s'en réjouit : « Quel bonheur, écrit-il, d'avoir pu passer quelques heures devant ce divin Jésus exposé sur son trône d'amour pour moi !... Justement, en cette belle fête de ma Mère, je me trouve être réparateur. Oh ! comme ce bon Maître m'inonde de bonheur et de consolations ! Il me reste bien toujours cette peine, que je ne sais si mes innombrables péchés me sont pardonnés ; mais à la joie intime qui m'enivre, lorsque je parle à mon Jésus, pourrai-je en douter. Oh ! que je l'aime ce doux Jésus ! — O Notre-Dame du Sacré-Cœur, faites que les quelques mois de noviciat qui me restent encore, soient tout à vous, tout au Cœur de votre divin Fils. »

Le souvenir de ses péchés lui revient sans cesse, fréquemment, on le trouve mentionné dans son Journal. Le samedi 8 juin nous en trouvons encore la preuve. « Ce matin, dit-il, après ma confession du mois, et avant la sainte communion, Jésus m'a fait la grâce d'être si vivement pénétré de la disproportion qui existe dans ce mystère, où la pureté infinie daigne s'unir à moi, le plus misérable, le plus ingrat des pécheurs, qu'il m'en a fait verser des larmes bien douces. Et après la sainte communion donc... » Il n'achève pas ; on voit assez par là combien Jésus adoucit, par l'onction de sa grâce, l'amertume du repentir. Il ajoute aussitôt : « Oh ! que vous êtes miséricordieux, Cœur adorable de mon Jésus, que vous êtes miséricordieux ! »

Quelques jours après, le souvenir du passé le plongeait dans une profonde tristesse ; il s'en exprimait en paroles de vive indignation et de mépris contre lui-même, se nommant le plus misérable des pécheurs, puis il ajoutait : « Et je ne deviendrais pas un saint, pour dédommager mon adorable Sauveur de la miséricorde infinie mille fois qu'il a eue pour moi !... Oui, je deviendrai un saint ! »

Le 18 juin, on célébrait au noviciat un service pour le repos de l'âme du vénérable Père Delaporte, subitement décédé deux jours auparavant dans la maison de Paris. Le cher Frère enregistre ce fait dans son Journal, disant : « Voilà comme la mort nous surprend au moment où l'on s'y attend le moins. Quelle perte cependant pour notre chère petite Société : Le bon Père Delaporte a tant écrit sur le Sacré-Cœur !... » Ce matin, après la sainte communion pour le vénéré défunt, comme j'étais tout désolé d'avoir si souvent offensé mon Jésus dans ce divin sacrement, j'ai cru qu'étant à la Cène, il me prenait sur ses genoux, comme un petit enfant ; alors il m'a rappelé tendrement toutes les douleurs que je lui ai fait souffrir, et il a pleuré. Et, j'ai pleuré avec lui en lui disant : « Ne « pleurez pas mes péchés, doux Jésus ! Je préfère souffrir « sur la terre toute la peine qu'ils méritent pour vous « soulager un peu. Je vous offre ce corps de boue pour

« que vous retiriez de sa destruction, dans le plus rude « des martyres, autant de gloire et de plaisir qu'il vous a « fait d'injures et de douleurs. »

Puis, le cœur débordant de reconnaissance, il continue : « Qu'il est bon, ce tendre Jésus, quand il lui plait de verser quelques consolations dans un cœur affligé ! Quelle autre religion que la nôtre peut procurer aux âmes des joies si douces ! »

La source, d'où le cher Frère tirait des sentiments si généreux et si purs, était assurément son grand amour pour le Sacré Cœur et son esprit de mortification, qui ne laissait passer aucune occasion de faire quelque sacrifice.

Le 6 juin, il résumait dans son Journal les impressions de ce jour dans lequel il avait fait sa retraite mensuelle. Ecoutons-le : « Quelle communion aujourd'hui !... Quel bonheur de vivre dans votre Sacré Cœur, ô Jésus ! Oh ! je voudrais mettre en pièce ce maudit corps qui a tant offensé mon Jésus, c'est aujourd'hui le premier vendredi du mois du Sacré Cœur ; comme je l'ai prié ce divin Cœur de me choisir comme victime pour la conversion de la Nouvelle-Guinée... » Il continue, en suppliant Jésus de lui accorder la grâce du martyre, avec ces accents que l'on connait déjà.

Deux jours après il écrivait encore : « Voilà que depuis le commencement de ce mois consacré au Cœur de Jésus, je ne puis m'adresser à d'autre, qu'à ce divin Cœur, qui résume toute la doctrine chrétienne. Je ne sais quel doux attrait, quelle passion m'emporte vers le Cœur de Jésus.

A cela il n'y a aucun mal pour un futur missionnaire du Sacré-Cœur.

« Oh ! qu'elle est douce, qu'elle est bonne la dévotion au Sacré Cœur de Jésus : il faut donc que je sache le faire connaître et le faire aimer. Quel cœur pourrait résister, s'il connaissait ce divin Cœur et l'amour dont il est la source et le symbole. »

Il avait raison le cher Frère, si l'on connaissait les amabilités infinies du Cœur de Jésus, comment résister à ses divins attraits ? Mais la connaissance et l'amour du Sacré Cœur s'acquièrent et s'entretiennent plus encore par la mortification et les sacrifices, que par tout autre moyen. Le Frère Devernoix en était convaincu, aussi ne négligeait-il aucune occasion d'offrir à Jésus quelque sacrifice. Rien ne lui coûtait pour Jésus, parce qu'il aimait, et son amour activait ces pures flammes de charité, par une immolation généreuse et constante. Comme conclusion de la retraite du mois, il écrivait : « Pendant ce mois je m'appliquerai surtout à garder la modestie des yeux et le recueillement intérieur, en union avec le très Sacré Cœur de Jésus. » Cette résolution n'allait pas uniquement à vaincre un défaut, elle tendait surtout à la perfection de cette vertu de modestie, si nécessaire au recueillement. Citons un fait seulement. Les novices devaient assister aux processions de la fête du très Saint-Sacrement et dans l'intérieur de la communauté et à celles de la paroisse. Le cher enfant, pour faire plaisir à Jésus, ainsi qu'il le dit, et aussi par mortification, s'imposa le sacrifice de ne point lever les yeux pendant ces processions et de ne voir aucun reposoir. En récréation, quelques-uns de ses confrères, témoins de sa réserve, lui dirent, qu'il avait beaucoup perdu; que les reposoirs étaient si beaux, qu'ils valaient bien qu'on les regardât. « Bien plus magnifique encore, écrit il, le plaisir que j'ai eu de faire plaisir au bon Jésus. »

« Voilà ce que c'est que les sacrifices : je ne ressens aucun regret de n'avoir pas regardé ces beaux reposoirs, j'éprouve, au contraire, bien de la joie de m'être privé de cette satisfaction. »

Il estimait la mortification indispensable, non seulement à l'acquisition des vertus, mais bien plus encore dans l'accomplissement des œuvres du saint ministère. Laissons-le s'en expliquer lui-même.

« Lorsqu'il me faudra travailler au salut des âmes, je ne l'épargnerai pas, ce vilain corps, je vous le promets, avec le secours de votre grâce, ô mon Jésus ! Avant tout mes sermons, pour attirer sur eux votre très sainte bénédiction et faire du fruit dans les chères âmes, je le déchirerai sous une longue et rude discipline.

« Lorsque j'aurai un grand pécheur à convertir, après un triduum, ou une neuvaine de prières et de larmes, je m'armerai d'une forte discipline et ne cesserai de labourer cette chair coupable, que vous ne m'ayez fait connaitre, de quelque manière, que vous avez ramené à votre amour, la brebis égarée. »

Ne croirait-on pas lire un apôtre des grands âges de l'Église, un de ces saints évêques qui obtenaient des miracles de conversion, par leurs ardentes supplications et leurs rigoureuses pénitences.

Grands moyens, sans aucun doute, mais moyens efficaces, on pourrait dire infaillibles. Les hommes vraiment apostoliques les connaissent et les pratiquent. L'amour de Jésus et le zèle des âmes les leur ont révélés. Les exemples du Sauveur et sa grâce les pressent de les employer. Notre jeune novice les avait découverts dans son amour pour le Cœur du Jésus, et il en usait autant que l'obéissance l'y autorisait.

CHAPITRE XII

L'APÔTRE.

1° *Travail de préparation. — Grand sermon. Petit mot.*

Déjà nous avons eu, plusieurs fois, l'occasion d'admirer l'esprit apostolique du Fr. Devernoix ; tous ses exercices, tous ses travaux tendaient à sa préparation à la vie de missionnaire : procurer la gloire de Dieu, se dévouer au salut des âmes; tout le reste lui semblait indifférent.

Pendant l'année de probation, les novices doivent s'exercer à la prédication, non seulement par des conférences familières faites à leurs confrères et pour l'édification commune, ainsi que nous l'avons vu précédemment, mais encore par un sermon proprement dit. Personne n'en est exempté : c'est un point de règle. Le sujet en est déterminé par le Père Maître, mais chaque novice doit écrire, celui qui lui est échu, dans le genre et de la manière qu'il l'entend. Chacun doit traiter son sujet avec soin, l'apprendre de mémoire, pour pouvoir le débiter devant ses confrères, réunis dans la salle des exercices du noviciat. L'un d'eux ensuite est appelé pour faire la critique du sermon entendu ; le Père Maître termine par son appréciation.

L'époque des sermons était donc arrivée. Gros événement au noviciat, où il y en a si peu. Le Fr. Devernoix avait le sien comme les autres : il devait parler sur la sainte communion : — Obligation de communier; dispositions qu'on doit apporter à l'accomplissement de ce grand devoir.

Ce serait se tromper et exiger l'impossible si l'on attendait, de novices, des discours parfaits de tous points. La perfection oratoire, chose rare, même pour ceux qui ont l'expérience et se sont longtemps exercés, serait un prodige inoui pour un débutant ; il faut donc juger, avec indulgence, les discours des novices, dont la grande majorité ne possède d'autre trésor intellectuel, que le catéchisme et les notions littéraires acquises pendant les humanités.

Quoi qu'il en soit, le cher Frère se mit généreusement au travail : il l'entreprit pieusement, se souvenant de la parole d'un ancien auteur qui demande la prière comme première et dernière disposition d'un orateur chrétien. Il pria d'abord, médita son sujet devant le divin hôte du Tabernacle, et l'écrivit en apôtre, s'oubliant lui-même, pour s'occuper uniquement de Jésus et des âmes. On trouve dans la lecture de ce modeste discours un souffle apostolique très caractérisé, que l'assurance et les accents du débit, rendaient bien plus saisissant encore. Ses aptitudes étaient servies par une brillante imagination, dont il a donné des preuves dans ses compositions ; cependant, il préféra, pour son sermon, le style simple, nerveux, serré ; il pensait, à bon droit, que c'était la meilleure manière d'instruire et de toucher les simples fidèles, auxquels il était censé adresser son discours. Imitant saint Bernard, il a le don d'intercaler et de fondre dans ses phrases les textes sacrés, ce qui donne à sa parole un charme tout particulier.

Laissons-le parler lui-même : il vient de dire l'amour de Notre-Seigneur dans l'institution du sacrement de l'Eucharistie, l'obligation de recevoir ce pain de vie, les avantages de la communion fréquente : il va exposer les dispositions nécessaires pour s'approcher du banquet sacré, écoutons-le :

« Mais j'entends déjà quelqu'un me dire : — Je voudrais bien communier plus souvent ! Hélas ! ma vie n'est pas assez chrétienne, ma conduite pas assez édifiante pour me permettre de fréquenter un sacrement dont les Anges eux-mêmes se croient indignes. Mieux vaut ne communier jamais que de communier indignement.

« Communier indignement !..

« Malheur à moi, mes frères, si mes paroles donnaient lieu à un pareil forfait !

« Vous recevoir indignement, ô mon divin Maître !

Traîner dans la fange cette Face adorable devant laquelle les Anges se voilent en tremblant ! Unir la pureté sans tache à la boue immonde, Jésus à Judas, le ciel à l'enfer, Dieu à Satan !

« O Dieu ! rappelez-vous vos miséricordes pour les pécheurs, car je vois, sous les pas du sacrilège, s'entr'ouvrir les abîmes éternels !

« Mais, entre ce crime épouvantable et l'abstention de la sainte communion, n'y a-t-il pas un juste milieu ? Que vous demande, en effet, Jésus pour vous admettre au céleste festin ? Comme aux invités des noces royales, il ne vous demande que la robe nuptiale et, plus clément que le roi de la parabole évangélique, il s'offre lui-même à vous la rendre, si vous l'aviez perdue ; il n'y met qu'une seule condition : que vous veniez à ses pieds, contrit et humilié, exposer votre misère à son ministre, par une bonne confession. Après cela, venez avec un cœur humble et plein de confiance, disant avec le centurion : *Seigneur, je ne suis pas digne que vous entriez dans ma maison, mais dites une parole et mon âme sera guérie.* Jésus alors sera tout heureux de venir à vous et de vous apporter le salut.

« Il conviendrait, sans doute, pour manger ce pain des Anges, d'être exempt de toute souillure, même de celle du péché véniel ; il serait désirable de bannir de son cœur toute affection au péché ; il conviendrait encore de s'y préparer par le jeûne et la pénitence, par une vie exempte d'imperfections.

« Mais le divin Sauveur ne nous a-t-il pas enseigné lui-même qu'il n'est pas venu pour les justes, mais pour les pécheurs?.. Avez-vous besoin d'un médecin pour votre âme ? Il sera heureux de vous prodiguer les secours dont vous avez besoin.

« En effet, mes frères, si vous êtes encore attachés au péché, qui brisera vos liens ? si ce n'est Celui qui a rompu les filets dont Satan avait enveloppé le monde.

« Si, revenus à la vie de la grâce, il vous reste encore quelques souillures du péché, où trouverez-vous une piscine plus salutaire ?

Si vous languissez dans vos infidélités, dans votre tiédeur, votre indifférence, le pain eucharistique ne vous sera-t-il pas plus fortifiant que celui que l'Ange offrit au prophète pour lui donner la force de gravir la montagne du Seigneur ?

« Quel autre sacrement, mieux que celui-là, vous donnera le courage de travailler ardemment à l'œuvre de votre sanctification ? »

C'est bien là le langage d'un apôtre au cœur ardent, consumé par le zèle des âmes. Mais ce qu'on ne peut exprimer, ce sont les accents, tantôt vifs et pénétrants comme un dard, tantôt puissants, tantôt suaves et doux comme l'amour, ou, suppliants et pressants comme la prière, avec lesquels notre cher Frère débita son sermon. Ses confrères, suspendus aux lèvres du jeune apôtre, se sentaient embrasés des flammes du zèle dont ils le voyaient dévoré lui-même.

Laissons-le nous dire ses impressions :

« Ce soir, le sort m'a appelé à débiter mon sermon. Il paraît que je me suis *démené* et que ça eu du succès, puisque le Père Maître m'a accablé de compliments de la manière la moins complaisante. — Le cher Frère, a-t-il dit, doit en remercier le Sacré-Cœur. — C'est ce que j'ai fait. Pourvu que ces quelques paroles aient pu donner, seulement, un degré d'amour de plus à un seul de nos confrères pour la sainte communion ? C'est la grâce que j'ai demandée au Cœur de Jésus.

« Le Père Maître a surtout loué l'usage de la sainte Ecriture, dont les textes se tissent à mon discours comme des fils d'argent dans une toile grossière. »

Ici, le cher Frère se trompe. Ce que le Père Maître a loué *surtout*, c'est l'allure du sermon, sa marche vive et décidée, la clarté du style, la sûreté de la doctrine, et encore, tout spécialement, le souffle brûlant de foi et d'amour de la composition et du débit. Il disait, en propres termes, pour l'édification commune : « On sentait que le prédicateur a beaucoup prié en composant son sermon et qu'il a prié encore pour le bien dire. » Voilà ce qu'a dit spécialement le Père Maître. Mais laissons le cher Frère achever.

« Enfin, bon Jésus, si vous voulez que, par la plume ou la parole, je sois utile en quelque chose, pour la diffusion du culte de votre Sacré Cœur, j'en serai trop heureux. Mais si je devais en faire un mauvais usage, si je devais détourner ce fleuve de sa source, en me laissant vaincre par l'orgueil, ô mon Jésus, glacez ma langue et brisez la plume entre mes doigts. C'est la prière que j'ai faite ce matin au Sacré Cœur. »

Donnons une nouvelle preuve de l'esprit apostolique du pieux novice. La règle demande, qu'outre les conférences hebdomadaires sur un sujet tiré des Constitutions, les novices, à tour de rôle, développent chaque semaine, à la louange de Marie, pendant dix à quinze minutes, une des invocations des litanies de Lorette. Cela s'appelle *le petit mot*. Le tour du Fr. Devernoix était arrivé ; il avait pour sujet l'invocation *Mère du Christ, priez pour nous*. En un quart d'heure, il parvint à démontrer, avec une grande clarté et une grande force, ces deux pensées : Rôle de Marie dans l'établissement du règne du Christ-Roi dans les premiers siècles de l'Eglise, et rôle de Marie dans la restauration de ce règne dans le monde moderne.

Son petit mot est un vrai petit chef-d'œuvre de style, de logique, de précision et en même temps de piété. Nous regrettons de ne pouvoir lui donner place dans ce récit. Impossible de mieux dire tant de choses en si peu de mots et de le dire avec autant d'onction et de charme. C'était vraiment le chant du cygne, puisque le pieux enfant ne devait plus célébrer les louanges de Marie sur cette terre.

Mais pouvait-il parler de Marie, sans plaider la cause des âmes ? Un apôtre ne le saurait. La bouche parle de l'abondance du Cœur (1). Ecoutons donc notre jeune et

(1) *Saint Math.*, XII, 34.

ardent apôtre ; il était arrivé à la fin de son discours, il le termina par cette péroraison :

« Pourquoi Dieu a-t-il choisi Marie dans des temps aussi critiques que les nôtres et pour une telle œuvre ? — (il s'agit, on le sait, de la restauration du règne du Christ.) — « C'est qu'aux endroits les plus menacés, on envoie le plus habile capitaine. La manière de combattre de Marie est donc la meilleure. — C'est d'ailleurs la manière de tous les Saints. — Et Marie n'a converti plus d'âmes que tous les saints ensemble que parce que sa prière a été plus puissante que celle de tous.

« O vous donc, que pressent les douces violences du zèle des âmes, souvenez-vous qu'il faut parler des âmes à Jésus avant de parler de Jésus aux âmes. Priez, priez sans cesse, priez par tous vos actes ; lancez vers la Mère de miséricorde une prière de flamme :

« O Marie, voyez combien d'âmes le fleuve de l'iniquité « entraine !.. Illuminez ceux qui sont assis dans la nuit « du péché ; tendez-leur un bras secourable et me les « donnez, ô Marie ! *Da mihi animas* (1). Oui, une âme, ô « Mère, une âme ! Encore une âme pour mon Dieu. »

« Et vous, mes frères, vous serez étonnés, au jour du jugement, d'apprendre que les apôtres, dont vous enviez le sort, n'auront été que les vendangeurs de la vigne, dont vous aurez mûri les fruits par vos ardentes prières.

(1) *Genèse*. XIV, 21.

« Et notre tour de partir à la moisson des âmes viendra aussi, mes bien chers frères. Dieu y pourvoira.

« Alors, tous, montrant à Satan effrayé l'image du divin Cœur rayonnante sur nos poitrines, soutenus par la *Mère du Christ*, nous nous élancerons à la conquête des âmes, en jetant, à tout vent, cette fière devise : *Ametur ubique terrarum Cor Jesu sacratissimum.*

« Il faut que le Cœur de Jésus soit aimé partout ; que partout il soit adoré ; il faut qu'il règne : *Oportet illum regnare* (1).

2° *Apostolat dans sa paroisse natale*

Notre cher Frère avait grande dévotion à la communion des neuf premiers vendredis du mois, telle que l'enseigne la bienheureuse Marguerite-Marie. Son zèle des âmes lui faisait ardemment désirer de voir partout cette pratique en honneur; il se promettait bien, une fois prêtre, de la recommander à tous.

« Je te promets, avait dit Notre-Seigneur à sa bienheu-
« reuse servante, dans l'excessive miséricorde de mon
« Cœur, que son amour tout puissant accordera à tous
« ceux qui communieront neuf premiers vendredis du
« mois, tout de suite, la grâce finale de la pénitence; ils
« ne mourront pas en sa disgrâce, ni sans recevoir les

(1) I *Cor.* XV, 25.

« sacrements, mon divin Cœur se rendant leur asile assuré « en ce dernier moment (1). »

Le cher enfant, émerveillé des grands avantages de cette promesse et de cette nouvelle preuve des miséricordes du Cœur de Jésus, la méditait souvent. Il avait lu dans le *Messager du Sacré-Cœur* des RR. PP. Jésuites de Toulouse, quelques considérations bien propres à faire ressortir l'importance de ces neuf communions pour assurer la persévérance finale; il les avait aussitôt transcrites dans ses notes, afin de pouvoir s'en servir pour le bien des âmes (2). Mais déjà, depuis plusieurs mois, il s'était fait le zélateur de cette pratique près de sa famille et dans sa paroisse natale. Ne pouvant réaliser ce qu'il eut voulu, il faisait ce qu'il pouvait : Il se servait de sa jeune sœur, encore écolière ; il dressait son plan de campagne apostolique et la chargeait de le transmettre soit dans la famille, soit près d'autres personnes. Un jour, il reçoit la nouvelle qu'enfin quelques âmes généreuses ont pris la résolution de commencer la neuvaine de communions. Aussitôt, il écrit dans son Journal à la date du 5 juillet, premier vendredi de ce mois :

« Ce matin encore, ma chère sœur Eugénie doit avoir continué sa neuvaine de communions. Oh ! que je suis donc heureux de voir que le Sacré-Cœur est un peu plus aimé !

(1) *Œuvres de la Bienheureuse Marguerite-Marie.* Edition de Paray, IIe vol. 159.

(2) N° de juillet 1895. *Le Cœur de Jésus*, ce qu'il est, ce qu'il demande, ce qu'il donne. IIIe partie, page 53. Ce travail a été, depuis, publié en un volume à part.

« Ma sœur me dit, dans sa lettre, que deux autres personnes veulent aussi faire cette neuvaine. J'ai demandé au Cœur de Jésus qu'il daigne donner à beaucoup d'âmes le même attrait. J'en voudrais voir un grand nombre, assurer, par cette pratique, leur éternel salut. Une âme de plus qui n'ira pas en enfer, mais qui aimera le bon Dieu dans le ciel toute l'éternité, ô quel bonheur !.. O Cœur si tendre de mon Jésus, faites donc cette grâce à un grand nombre de vos enfants ! »

Outre la communion du premier vendredi du mois, notre cher apôtre aurait voulu, si cela lui eut été possible, pouvoir établir le *Culte perpétuel de réparation en l'honneur du Sacré-Cœur.*

Plusieurs fois, il écrivit dans cette intention, soit à sa famille, soit aux sœurs de la paroisse. Ses lettres, alors, étaient pressantes, toutes pleines de bons et pieux motifs, et il faut le dire aussi, d'une sainte diplomatie. Il savait toucher toutes les cordes sensibles, prendre tous les tons ; l'amour du Cœur de Jésus conduisait sa plume, lui dictant ce qu'il devait dire.

« Il y a encore le *culte perpétuel* dont j'ai parlé à la bonne Sœur, il y a quelques mois. Ça n'a pas l'air de bien prendre. C'est bien ma faute, je n'en dis plus rien dans mes lettres. Aussi, vais-je écrire une bonne lettre à la chère Sœur supérieure, lui disant de commencer enfin, à pratique ce pieux exercice.

« Mais, mon Dieu, que ça me semble difficile !.. Après tout, je ne compte point sur moi, mais bien sur la grâce toute puissante du Cœur de Jésus ; par conséquent, avec lui, rien d'impossible. »

Cette lettre, il l'envoyait peu de jours après : elle est bien sortie d'un cœur d'apôtre. Qu'on en juge par ce fragment.

« Ma chère Sœur, vive le Sacré Cœur de Jésus ! Voilà le cri qui s'échappe de mon cœur, en apprenant, qu'à Arconsat, le culte du Cœur si bon de Jésus commence à germer. L'autre jour, en lisant le *Messager du Sacré-Cœur*, je m'écriais : « Comment ! Les Kanaks de Nouvelle-Gui-« née, les sauvages de la République Argentine, rendent « à Notre-Seigneur le culte qu'il demande pour son Sacré « Cœur, et personne ne l'a fait connaître à Arconsat ! Ce « n'est pas possible ! Je connais là une âme qui ne respire « que la gloire de Dieu et le salut de ses frères : A nous « deux, avec la grâce toute puissante du Sacré Cœur, « nous n'arriverions pas à planter un petit grain, un tout « petit grain !.. »

« Jésus n'a t-il pas dit à la bienheureuse Marguerite-Marie : « Qu'il a plus de désir de verser ses grâces sur « les hommes, que ceux-ci n'en ont de les lui demander. » Il versera donc la rosée féconde de sa grâce sur notre petite semence et, à Arconsat, on connaîtra, on aimera son Cœur adorable. C'est pour ce motif que je ne puis résister à la force intérieure qui me presse de vous écrire...... »

Et il continue, le cher enfant, en développant les pressants motifs de propager la dévotion au Sacré-Cœur ; il donne les moyens d'établir le Culte perpétuel de réparation ; il recommande à nouveau la communion des neufs premiers vendredis ; puis il termine, en disant :

« Voilà, bien chère Sœur, ce que le Cœur de Jésus me force de vous écrire pour le bien des âmes.

« Veuillez donc faire connaître à vos chères élèves, une si sainte pratique. Il s'en trouvera certainement parmi elles, qui aimeront assez le Sacré Cœur pour correspondre à son désir. Elles le feront connaître et aimer de leurs familles. Puisse l'heureuse contagion du divin amour embraser tous les cœurs !

« Je prie bien souvent pour cela. Oh ! daignez être, à Arconsat, le porte-voix du Sacré Cœur. »

Ainsi s'exerçait déjà notre jeune apôtre. Son âme ardente aurait voulu, comme il le disait souvent, consumer tous les cœurs dans la flamme de la sainte charité.

3° Apostolat dans sa famille

Il aimait d'une affection vive sa sœur, plus jeune que lui : Affection vraiment fraternelle, mais grandement rehaussée par la foi ; sainte dilection qui voyait, au-dessus de tout, l'intérêt de l'âme, sa perfection, son éternelle félicité. Il lui écrivait souvent ; rarement, il envoyait une lettre à ses parents sans qu'elle en renfermât une spéciale pour sa chère Eugénie, ainsi qu'il la nommait.

Dans toutes ses lettres, souvent de forme badine, où il

entrait dans des détails enfantins, il savait glisser discrètement quelques sages conseils ; il recommandait de pieuses et bonnes pratiques. On croirait les avis d'un père tendre et profondément chrétien à sa fille jeune encore. Quelques fois, mais rarement, la lettre entière conservait le ton sérieux : alors, il s'efforçait de rendre agréable la sévérité du fond par les délicatesses et les grâces de la forme. En tout cela encore, il était apôtre ; il n'avait qu'un désir : former, selon son pouvoir, le cœur de sa jeune sœur et la disposer à se donner sans réserve au service de Dieu. Laissons-le s'en expliquer lui-même.

Il vient de parler de Théophane Venard, martyr dans les missions du Tonkin, et de sa sœur Mélanie, religieuse de la Sainte-Famille.

« O Eugénie, si telle était la destinée qui t'attend ! Si telle était la mienne !.. Si Dieu nous faisait la grâce de devenir deux saints !.. O chère Eugénie, tu peux réfléchir là-dessus,.. Eugénie, une Marguerite-Marie ! Pierre (je n'ose y penser seulement), un François-Xavier !..

« Mais j'y songe, chère Eugénie, il ne tient qu'à nous de devenir des saints . Je vois d'ici que tu fais un signe d'incrédulité. Mais pourtant je maintiens ce que j'ai dit et je le répète : Il ne tient qu'à toi et à toi seule de devenir une sainte religieuse, comme il ne tient qu'à moi de devenir un saint, tout cela avec la grâce de Dieu bien entendu. Mais la grâce de Dieu nous est assurée. Il ne nous reste donc plus qu'à *vouloir*.

« *Qui veut, peut.* Retiens toute ta vie cette maxime ;

elle est vraie. Mais il faut que tu saches ce que veut dire le mot *vouloir*. — *Vouloir :* c'est être prêt à briser tous les obstacles, à surmonter toutes les difficultés, pour arriver à son but. Avec une volonté ferme on arrive, sois en certaine.

« Pauvre petite Eugénie, comme je te parle sérieusement pour ton âge ! Mais, tu le sais : A la fille d'un prince, que l'on destine à devenir l'épouse d'un grand roi, on enseigne de bonne heure, ce que l'on n'enseigne que plus tard aux autres......

« Ne crois-tu pas, en effet, ma chère Eugénie, que si le bon Dieu nous a séparés sur la terre, ce ne soit pour que nous nous préparions mieux, à être dignes de nous retrouver un jour dans le ciel. Pour moi, je le crois fortement. Il ne s'agit donc pas qu'un de nous deux vienne à manquer... Mais non, ça n'arrivera pas : parce que tu prieras pour que je devienne un saint. Et moi.., sais-tu ce que je demande à la sainte Vierge quand je la prie un peu pour toi ? Eh bien, je la supplie de faire de toi une religieuse sainte ; je lui dis de faire de toi une sainte. Si tu ne veux pas devenir une sainte, je lui demande que tu ne deviennes pas religieuse. — Tu me diras : mon frère est bien méchant ! — Eh bien, oui, ma chère Eugénie, si tu veux venir en religion, qu'aurais-tu à faire autre chose que de devenir une *Marguerite-Marie* ? Voilà la patronne que je te donne : pourrai-je mieux choisir ?.....

« Prie beaucoup la sainte Vierge de t'éclairer. O ma bien-aimée sœur, prie-la de conserver ton cœur et ton corps purs de toute souillure. Oh! je t'en supplie, ne perds jamais le trésor de ton innocence ; conserve sans tache la robe blanche de ton baptême...... Je te le répète, sois d'une modestie et d'une pureté excessives. Confie mille et mille fois à la sainte Vierge, le trésor de ton innocence : donne-le lui, consacre-le lui. Ne consens, à aucun prix, à le perdre. Je voudrais graver ces mots en lettres d'or dans ton petit cœur !

« Avec cela, ô ma sœur, je te recommande la douceur. Oh ! Eugénie, sache-le bien, cette douce modestie est le plus bel apanage d'une jeune fille. Une vierge douce, modeste, humble, est l'admiration des Anges et des hommes. »

En lisant cette page adressée, par ce tout jeune novice, à sa plus jeune sœur, ne sent-on pas comme une flamme qui s'en échappe et vient embraser le cœur. On voudrait brûler du même zèle qui consumait cette âme d'apôtre.

Il n'était pas moins pressant quand il s'adressait à son père tendrement aimé, à sa bonne mère pour laquelle son cœur ressentait la plus délicate affection. Avec sa sœur, il laissait sentir, parfois, sa supériorité ; avec ses excellents parents, il parlait en fils respectueux et soumis. Toutes les lettres qu'il leur adressait, emportaient avec elles, quelque bonne et pieuse recommandation, mais sous forme de prière. Il suppliait beaucoup plus qu'il n'exhortait. Pour peu qu'on voulût s'en donner la peine, il serait facile d'extraire de ces lettres un petit traité de vie chrétienne à l'usage des familles.

Ne pouvant transcrire, dans cette notice, tous ces enseignements, il suffira d'en citer un fragment qui nous montrera, une fois de plus, son esprit apostolique. On était à la fin de décembre 1894. Le cher Frère adressait ses vœux de nouvel an à ses bien-aimés parents : il leur disait avec une simplicité charmante :

« Par où pourrai-je mieux commencer ma lettre, qu'en vous souhaitant la bonne année !

« Donc, bonne année, et, suivant l'antique formule, parfaite santé et le paradis à la fin de vos jours !

« Avec ça, qu'est-ce que vous voulez de plus ? Je vous souhaiterais bien encore, si vous désiriez autre chose, que la *petetto nèïro* (1), qui ne veut pas s'habituer, vous pondît des œufs d'or ; mais c'est, je crois, bien inutile. Il suffit que vos petites affaires n'aillent pas trop mal, que votre santé, chère maman, se fortifie (et Dieu sait combien je prie souvent pour cela), et que la vôtre, cher papa, qui, Dieu merci, est encore fort bonne, se conserve toujours excellente, pour que vous puissiez soutenir notre chère famille...... Vous le savez, quoiqu'éloignés par la distance, nous sommes bien unis par le cœur. Mon amour pour vous croît en raison directe des distances : plus je suis loin de vous, plus il augmente. Oh ! si vous saviez, cher papa, et vous, bien-aimée maman, combien je vous aime ! Je vous ai peut-être bien souvent causé de la peine

(1) Expression du patois de son pays par laquelle on désignait, dans sa famille, une petite poule, dont sa sœur lui parlait dans une lettre.

6

dans les jours que j'ai passé près de vous ! J'aurais dû alors vous témoigner toute ma tendresse.

« Eh ! bien, mes très chers et bien-aimés parents, je ne veux point commencer cette nouvelle année 1895, sans vous demander pardon de tout cela, pour que je ne sois pas indigne de porter le saint habit des Missionnaires du Cœur de mon doux Jésus.

« Je me jette donc à vos pieds, ô mon bien cher père, et je vous demande sincèrement et humblement pardon de tout ce en quoi j'ai pu vous contrister, depuis que le bon Dieu m'a donné à vous. Daignez pardonner à votre indigne enfant qui vous en conjure de tout son cœur et les larmes aux yeux.

« Et vous, ô mère bien-aimée, vous si tendre, si aimante à mon endroit, vous qui m'avez élevé, avec un soin si dévoué, si pieux, dans l'amour de Dieu, ô ma bonne mère, je me jette dans vos bras maternels et je vous demande, tout en larmes, de me pardonner tant de douleurs que je sais, malheureusement, hélas ! vous avoir fait souffrir.

« En signe de pardon, pressez dans vos mains cette soutane bénie, que vos prières et vos soins m'ont méritée, et sous laquelle je dois vivre de la vie de mon doux Jésus, de la vie des saints qui, seule, doit être la mienne et la vôtre. »

Nous avons transcrit tout au long cette première partie de la lettre du cher Frère pour deux motifs qui ont, l'un et l'autre, leur importance.

D'abord, combien de parents, même chrétiens, aveuglés par leur amour — je dirais plus volontiers par leur égoïsme — envers leurs enfants, croient, faussement, que la vie religieuse va étouffer dans leur cœur toute affection filiale. On en a vu porter si loin cette crainte, rien moins que raisonnable, qu'ils s'opposaient à la vocation religieuse de leurs enfants. Ils préféraient les voir malheureux dans le monde, que de les savoir au comble de la félicité dans le cloître. Ignorent-ils donc que l'amour de Dieu, bien loin d'amoindrir la dilection due aux parents, l'agrandit au contraire et l'élève en la purifiant ? Ont-ils oublié la tendre affection, le profond respect de Jésus pour son auguste Mère, pour Joseph, son père nourricier ? Parents infortunés qui refusent à Dieu le droit de disposer, dans son infinie sagesse, de la destinée de leurs enfants, et qui, souvent, les vouent, par une tendresse déraisonnable, aux plus affreux malheurs. Mais aussi bien à plaindre, les enfants qui, par une affection désordonnée pour les auteurs de leurs jours, négligent de correspondre à l'appel divin et exposent, par là, le bonheur du temps présent et celui de l'éternité.

Cette longue citation fera aussi comprendre mieux les délicates attentions du Fr. Devernoix, dans ses rapports avec sa famille, et son apostolique désir de les voir progresser dans la pratique des vertus chrétiennes.

Il continue :

« Offrez, avec moi, toutes vos souffrances de chaque jour à Celui que nous devons seul chercher sur la terre.

Je serais trop désolé de vous voir tant souffrir, si je ne savais que chacune de vos peines ajoute une perle brillante à votre couronne du ciel.

« O mère, je tacherai, selon mes faibles forces, de racheter tout cela par les ferventes et nombreuses prières, que j'adresse, chaque jour pour vous, à notre divin Jésus.

« Oh oui ! cher papa et chère maman, supportons patiemment toutes nos petites misères et offrons-les à Jésus. Dans le ciel, nous serons si heureux de contempler la couronne qu'elles nous auront méritées. Voyez-vous, il ne faut regarder que le ciel, ne tendre qu'au ciel. Quel malheur, si nous ne nous retrouvions pas *tous quatre* au ciel !

« Je n'ose y penser...

« Vivons donc de manière à nous y trouver tous quatre, d'ici à quelques années ; la vie est courte, bien courte heureusement. Que nous servira d'avoir, par *respect humain*, manqué de nous confesser, de communier tous les jours de fête. Plus nous communierons souvent, plus nous serons assurés de nous retrouver dans le ciel. S'il manquait quelqu'un de nous à l'appel, je me figure que le bonheur des autres en serait moins parfait. Prévenons donc ce danger.

« O sœur ! ô mon père ! ô ma mère ! c'est pour cela que je suis venu dans ce saint asile du noviciat, afin de m'y former à la pratique de vertus chrétiennes qui doivent me mener au ciel, et aussi pour me préparer à cette vie du missionnaire qui est toute d'héroïsme.

« Mais l'héroïsme n'est-il pas l'état ordinaire de tous ceux qui aiment Dieu ?

« Aller chez des Sauvages féroces, encore antropophages; dans un pays le plus malsain de la terre; construire, à grand'peine, avec du bois, une église, une école, un orphelinat, une maison pour se loger ; voir dévorer tout cela tous les trois ou quatre ans par les fourmis blanches; marcher à travers des forêts obstruées par de longues lianes qu'il faut couper pour avancer; avoir pour nourriture des taros, des bananes, auxquelles on n'est pas accoutumé ; travailler, inconnu, ignoré au milieu des plus rudes labeurs, et puis, pour récompense, tomber sous la hache d'un anthropophage et lui servir un matin de déjeuner, et de là, s'envoler droit au ciel : Voilà ce que le Sacré-Cœur me prépare dans sa toute miséricordieuse bonté.

« Oh ! comme l'amour de Jésus est doux ! »

Heureux les parents capables d'entendre de tels accents ! Heureux mille fois d'avoir donné à Dieu un tel fils. Leur couronne sera belle au ciel !

Mais aussi, mille et mille fois heureux l'enfant qui vit dans de telles dispositions d'héroïque charité ! qui n'a d'autre ambition que de dépenser ses forces, ses talents, sa vie entière, pour Dieu, pour les âmes !

N'est-ce pas là un apôtre ? Oui, un apôtre, et de la grande race des apôtres !

CHAPITRE XIII

ESTIME DE LA VOCATION. — ESPRIT RELIGIEUX

Le Fr. Devernoix n'estimait rien plus en ce monde que sa vocation. Son esprit vif et pénétrant en avait, dès les premiers jours du noviciat, saisi l'excellence et la noblesse. Avant même que d'avoir entendu exposer la doctrine sur ce sujet, il concevait, comme d'instinct, la sublimité de l'état religieux, qu'il regardait comme une école de haute sainteté, dont tous les exercices tendaient à la perfection de la charité.

Nous l'avons déjà entendu dire bien des fois : « Je veux être un saint. — Il faut que je devienne un saint. » — Comment n'aurait-il pas estimé et aimé la vie religieuse, qui lui offrait tant et de si puissants moyens de sanctification.

« N'est-elle pas, en effet, selon saint Bernard (1), toute « sainte, toute pure, immaculée ? Celui qui est soumis à « sa discipline, vit plus saintement, tombe plus rarement, « se relève plus promptement, marche avec plus de sécu- « rité, reçoit plus fréquemment la rosée des célestes grâces « et se repose avec plus d'assurance ; il meurt avec plus « de confiance ; son purgatoire sera moins long et sa « récompense beaucoup plus copieuse. »

Notre cher Frère, tout plein de ces pensées, avait entrevu la vie religieuse comme une suprême grâce qui lui offrait tous ces avantages. Sa pensée montait plus haut encore, il la considérait comme le moyen le plus assuré de procurer une plus grande gloire à Dieu ici-bas et de pouvoir l'aimer davantage durant l'éternité.

Le jour même de sa prise d'habit, il faisait part de son bonheur à ses bien-aimés parents, en ces termes :

« Que je suis donc heureux ! Je viens de recevoir, il n'y a pas une heure, le saint habit ! L'habit des Missionnaires du Sacré-Cœur. Si vous saviez comme mon cœur bat à l'aise et comme il bat ardent ! Comme la charité de Jésus-Christ me presse ! Comme je suis heureux de cette vraie joie que connaissent, seuls, les enfants de Dieu. Cette joie me remplit le cœur, elle m'enivre, elle me rend fou de la sainte folie de la croix de notre bon Maître. O mère bien-aimée ! ô père chéri ! ô ma chère sœur, que n'étiez-vous-là ? Que ne connaissez-vous ma joie si grande,

(1) Sermo super Simile est regnum cœlorum.

Vous seriez heureux, vous aussi, si vous pouviez me voir dans ma petite soutane, avec l'ample manteau des Missionnaires. Il me semble que je le suis déjà ! »

Ainsi s'épanchait son âme à ce premier pas vers l'accomplissement de ses désirs : son entrée définitive dans la vie religieuse. Mais quel foyer produisait ces ardeurs ? De quelle source jaillissait tant d'allégresse ? Il nous l'apprend lui-même dans cette même lettre écrite sous une émotion si vive.

Il vient d'exposer la bonne manière de sanctifier les travaux, les souffrances, les épreuves, qui est de tout faire, de tout accepter avec soumission à la volonté divine. Il ajoute :

« Comme cela, il y aurait du goût à souffrir toutes sortes de privations, parce qu'on saurait, que chacune nous fait un mérite, que nous retrouverons au ciel... Et parce que, ce n'est que pour aller au ciel que nous sommes sur la terre, je ne vois pas pourquoi on n'en viendrait pas là.

« Je me dis souvent : Les gens du monde ont tant et tant de choses à souffrir que, s'ils savaient les offrir à Dieu, ils pourraient acquérir plus de mérites que nous, religieux. Nous, nous nous dépouillons *de tout...* et nous sommes heureux...... D'où vient que les uns sont toujours heureux et les autres toujours mécontents ? C'est que les premiers se réjouissent de faire plaisir à Notre-Seigneur et de se préparer, pour le ciel, une couronne immortelle ; tandis que les seconds !.. hélas ! ils souffrent beaucoup en cette vie et ils n'amassent rien pour le ciel. »

Faire plaisir à Notre-Seigneur, amasser des trésors pour le ciel, voilà bien la source féconde où le cher enfant buvait jusqu'à l'ivresse, les douces et saintes joies de son âme, voilà tout le secret de sa haute estime pour sa vocation.

Dès sa plus tendre enfance, il avait entendu la voix de son Sauveur lui dire au cœur : *Viens, suis moi*. Et lui, plein de joie, avait quitté pays, famille, tout enfin, pour suivre Jésus. Enfant alors, il obéit avec simplicité au mouvement de la grâce qui le pressait avec tant de force et de suavité. Ce fut son premier sacrifice. Généreusement accompli, il lui mérita bien des faveurs pour l'avenir. Mais hélas ! survint un moment d'oubli, amèrement pleuré pendant l'année du noviciat, et, le lecteur l'a vu déjà, rigoureusement réparé.

Durant les tristes jours de cet orage dévastateur, sa vocation, par la miséricordieuse compassion du Cœur de Jésus, ne fut pas ébranlée ; on pourrait croire même qu'elle en fut affermie. Comment cela ? Lui-même nous le dit. Le 28 juillet, il écrivait dans son Journal :

« Aujourd'hui, il y a sept ans que je suis entré à la Petite-Œuvre du Sacré-Cœur. Hélas ! quels mérites j'eusse pu acquérir durant ces sept années, et que de temps perdu ? Ah ! s'il n'y avait que du temps perdu ; mais que de fautes, que d'outrages envers le Cœur de mon aimable Jésus. C'est un temps qu'il me faut réparer, et réparer par une pénitence, par une vie religieuse en rapport avec le degré de mes ingratitudes et de mes offenses.

« Notre-Seigneur a dit de sainte Madeleine : *Beaucoup de péchés lui sont remis, parce qu'elle a beaucoup aimé. Mais celui à qui on remet moins aime moins* (1). Voilà donc où je dois tendre : Aimer beaucoup, payer d'amour l'amour infini de Jésus pour moi.

« Comme le F. Verjus, je puis bien m'écrier :

« Il faut que le Sacré Cœur me réserve beaucoup de « bien à faire et veuille se servir de ma faiblesse, puisqu'il « m'a fait tant de grâces et qu'il est venu me chercher « dans de si effroyables précipices. »

Après cette citation, il continue : « Quand je considère, comment il peut se faire, qu'ayant été si longtemps dans un si pitoyable état, je sois resté à la Petite-Œuvre, qu'on ne m'ait pas renvoyé vingt fois, que j'aie pu quand même être admis au noviciat ; je me trouve confondu de la tendresse du Sacré Cœur pour une si *vilaine bête* que moi (2). Il faut enfin que je comprenne la reconnaissance que je dois témoigner au Sacré Cœur de mon Jésus.

« Pour faire plaisir à ce divin Cœur, je veux être un fervent religieux. Ah ! la règle, la règle avant tout. « Je « veux que tu la préfères à tout le reste », me dit Notre-Seigneur, comme autrefois à la bienheureuse Marguerite-Marie.

« Justement, j'ai eu le bonheur d'être servant au saint autel en cette journée ; comme j'ai prié le divin Sauveur,

(1) *Saint Luc*. VII, 47.

(2) Nous avons respecté cette expression bien qu'un peu grosse, parce qu'elle peint au vif les dispositions du cher Frère.

à chaque bouffée qui s'échappait de mon encensoir, d'agréer en actions de grâces, les parfums des vingt-quatre vieillards de l'Apocalypse. »

Le F. Devernoix était donc consumé par un ardent désir d'aimer beaucoup son Dieu, de l'aimer sans mesure, parce qu'il en était beaucoup aimé ; de payer sa dette de reconnaissance par une vie toute consacrée à son service ; de racheter ses ingratitudes passées par une ferveur chaque jour croissante ; en un mot, il voulait réaliser en sa vie, dans la mesure du possible, ce que son doux Sauveur avait fait lui-même. N'a-t-il pas dit : *Je vous ai donné l'exemple afin que, comme j'ai fait moi-même, ainsi vous fassiez* (1).

Ainsi le fervent novice manifestait son estime et son amour pour la vie religieuse. Elle était, pour lui, l'école de la perfection, le sacrifice sublime de tout ce que le cœur de l'homme peut immoler pour la gloire de Dieu ; l'holocauste parfait. Trésor caché aux regards du plus grand nombre, dont l'Esprit-Saint lui avait dévoilé la valeur, et qu'il voulait acquérir à tout prix ; perle précieuse pour laquelle il était résolu de tout sacrifier.

Laissons-le nous dire lui-même les sentiments qui se pressaient en son âme lorsque les aînés du noviciat commencèrent la retraite préparatoire à l'émission de leurs vœux. Le 21 septembre, il écrit dans son Journal :

« A l'oraison de ce matin, je me figurais que ce jour

(1) *Saint Jean*. XIII., 15.

était, aussi pour moi, le dernier du noviciat. Quelle émotion m'étreignit alors ! Je pressentais déjà le saisissement qui me prendra, en novembre prochain, au dernier moment.

« Le dernier jour du noviciat ! Quel jour que celui-là ! C'est la fin d'une vie, et, le lendemain ce sera une autre vie ! Ce sera le jour des saints vœux. Oh ! les vœux !... Un pauvre enfant jurant, au Tout-Puissant, la main dans la main, une alliance éternelle ! Quel spectacle !

« Un mois encore et ce sera mon tour. Voilà donc ce que je ferai, moi, qui ai si cruellement offensé un Dieu si bon ! Je vais lui jurer une fidélité sans fin : *In fidem perpetuam.* »

Dans sa lettre d'octobre 1895, il annonçait ainsi sa prochaine profession à ses pieux parents :

« L'an dernier, à cette époque, je me disposais à entrer dans le lieu béni du noviciat et maintenant il faut déjà songer à le quitter. Oui, mes bien-aimés, dans un mois je serai en retraite pour me préparer aux saints vœux de pauvreté, de chasteté, d'obéissance, qui me détacheront du monde pour me remettre tout entier aux mains de notre aimable Jésus.

« O père ! ô mère ! y songez-vous ? Dans un mois, je serai devenu le Missionnaire du Cœur de notre Dieu ! De ce Dieu tout bon qui ne nous a mis au monde que pour nous donner le ciel ; qui nous a rachetés de nos péchés ensuite pour nous ouvrir le ciel ; qui nous comble de ses grâces afin que nous puissions gagner le ciel.

« Que rendrons-nous au Seigneur pour de si grandes grâces qu'il prépare à son misérable enfant ?

« Est-ce là seulement de l'amour, ô Jésus, ô le bien-aimé de mon cœur, est-ce là de l'amour ? N'est-ce pas plutôt une sainte folie, un « excès », comme il est dit dans l'Evangile ?

« Que lui rendrons-nous donc ? Tous, nous l'aimerons davantage, nous irons plus souvent le recevoir dans la sainte Eucharistie : il est si aimable ce bon Jésus !.....

« Dans un mois donc, le 11 novembre, probablement, à la Saint-Martin, je serai Missionnaire du Sacré-Cœur. Qu'il me tarde de voir se lever ce beau jour! »

Tout ce qui se reportait à la profession religieuse remuait profondément l'âme de notre pieux novice. Vingt de ses confrères, entrés deux mois avant lui au noviciat, avaient fait leurs vœux. Il suivit avec une émotion profonde l'imposante fonction dont il était l'heureux témoin ; et, afin de n'en pas perdre le souvenir, le jour même, il consignait ses impressions dans son Journal. Le chant du *Veni Creator* l'a ravi ; le sermon, dont il a conservé l'analyse, l'a vivement touché ; il en a trouvé la doctrine admirable, l'exposition limpide, la diction entraînante. Après avoir noté d'un mot la joie des postulants qui ont pris le saint habit, il ajoute :

« Le moment solennel, le bienheureux moment approche : les profès s'avancent un à un, le cœur ému... et bientôt les paroles sublimes : Je fais vœu de pauvreté, de chasteté et d'obéissance s'échappent, à plein cœur, vibrantes, nettes, articulées, de l'âme de nos heureux Frères ; ce sont des poitrines de soldats, de vrais enfants de Jésus ; on le sent à cet accent sincère.

« Quelle impression en prononçant ces mots ? Qui nous dira les vibrations de ces cœurs de vingt ans, jeunes, ardents pour les combats du Christ-Jésus !

« Pour moi, il me semblait les prononcer... Et je ne saurais exprimer ce que je pensais. Il est, en effet, de ces sentiments dont l'expression monte aux lèvres et y expire.

« O bonheur !.. O chants d'allégresse !.. O saints Anges de Dieu, chantez avec nous le cantique d'actions de grâces, répétez-en les douces paroles dans les cieux ; fortifiez nos voix pour que nous puissions dire plus puissamment encore : *Te Deum laudamus...*

« Oh ! quand donc, ô mon bien-aimé Sauveur, pourrai-je dire, du plus profond de mon cœur, moi aussi, pour vous faire oublier ma vie passée par le don entier de tout moi-même, oui, quand dirai-je : *Plein du désir d'aimer et d'honorer votre Sacré Cœur, je fais, en présence de la bienheureuse Vierge Marie Immaculée, de saint Joseph, notre protecteur, et de toute la cour céleste, à votre divine Majesté, vœu de pauvreté, de chasteté et d'obéissance* (1) ?

« Quand pourrai-je entendre ces autres paroles ! *Recevez, mon enfant, ce signe de l'amour que vous porte le Christ ; ainsi fortifié, il vous envoie, afin que le divin*

(1) Extrait de la formule des vœux.

Cœur de Jésus soit aimé sur toute l'étendue de la terre (1).

« Quelle joie en ce jour-là !.. »

Tels furent les sentiments de ce cher enfant à la pensée des liens sacrés par lesquels il désirait s'unir à son Dieu. Ils nous montrent bien l'estime profonde qu'il concevait pour sa vocation. Comme il l'aimait ! Volontiers, il disait avec saint Bernard :

« Oh ! quelle est sublime, la profession religieuse ! Elle « surpasse le ciel lui-même ; elle rend semblable aux « Anges dont elle égale la pureté.

« En effet, vous n'avez pas fait vœu de vous exercer « seulement à toutes les pratiques de la sainteté, mais « vous avez promis de tendre à la perfection même de la « sainteté ; vous vous êtes engagés à vous élever jusqu'à « celui-là même qui en est la consommation et la fin. « Les autres chrétiens peuvent se contenter de servir le « Seigneur ; pour vous, vous lui demeurez unis...

« Comment vous nommerai-je ? Des hommes célestes « ou des anges de la terre ? Vous habitez sans doute au « milieu de ce monde misérable, mais votre conversation « est aux cieux (2). »

Assurément, elle était dans les cieux, la conversation de notre bien-aimé novice, puisque son cœur était tout plein de Jésus, son unique et bien-aimé trésor.

(1) Formule employée pour remettre aux profès l'image du Sacré Cœur de Jésus, qu'ils portent sur leur poitrine, comme signe de leur profession.

(2) Epist. ad fratres. De monte Dei.

CHAPITRE XIV

PRÉPARATION AUX SAINTS VŒUX. — AMOUR DE LA CONGRÉGATION. — 18 ANS !

Les mois du noviciat s'écoulent rapidement ; le Frère Devernoix le constatait avec une sorte de frayeur ; il redoutait, non pas de se dévouer entièrement au service de Dieu : aucun autre désir n'était plus vif en son âme ; mais bien de manquer encore des vertus essentielles à l'état religieux.

« O mon Dieu ! s'écrie-t-il le 6 septembre, chaque premier vendredi du mois, je ne fais que constater que je ne fais pas sérieusement mon noviciat. « Il ne s'agit pas d'une piété tendrelette qui s'en va au premier souffle, dès qu'on est sorti de ce lieu béni, dit le Père Maître, mais il faut se former à des habitudes sérieuses qui demeurent le reste de la vie. »

« Hélas ! Quelles habitudes de vie sérieuse ai-je prises durant cette année qui s'achève ? »

Et il passe en revue les progrès qu'il a pu faire et ce qui lui manque encore de vertus solides. Son jugement est sévère, rigoureux à l'excès. Il ne considère pas, le cher enfant, les combats livrés, les victoires remportées, les mortifications, les pénitences de chaque jour ; l'habitude du recueillement, qui font l'édification de ses jeunes confrères, dernièrement venus le rejoindre, après une année de séparation : ils le voient si appliqué à tous ses devoirs, si recueilli dans la prière, si fidèle à toutes les petites observances, si généreux dans les sacrifices, si plein de délicates attentions pour chacun d'eux, si réservé dans ses conversations, que ne trouvant point de termes pour exprimer leur admiration, ils disent : « Oh ! comme le Frère Devernoix est changé. »

Pour lui, oubliant tout le passé, à la manière des grandes âmes, il ne veut voir que ce qui lui manque : il est persuadé n'avoir rien fait, aussi longtemps qu'il n'aura pas atteint les plus hauts sommets, qu'il ressentira en lui-même quelques révoltes de l'amour-propre, de la recherche de soi. Laissons-le nous le dire encore.

« Et l'habitude, sérieuse entre toutes, nécessaire entre toutes, celle de recevoir indifféremment, en n'importe quel temps, en n'importe quel lieu, les obédiences, les charges qui me répugnent, qui m'ennuient : Où ai-je acquis cette habitude ?

« Le Père Maître m'a donné à copier un cahier de

méditations. Le Père Socius, à peine aurai-je achevé, m'annonce un autre travail, probablement du même genre, et cela pendant les vacances ! Voilà une occasion de se mortifier après laquelle n'a pas besoin de courir un novice, qui n'est venu au noviciat que pour cela.

« Or, c'est précisément ce que je voudrais fuir : voilà ce qui me tourmente, ce qui me démonte ! — O ma bonne Mère, je n'ai donc point acquis de vertu solide ! — La base fait défaut. La base c'est l'abnégation de soi-même, le renoncement à tout ce qui plaît, pour accomplir le devoir.

« Où en suis-je en cette circonstance ? Refuserai-je d'accepter ce sacrifice ? Il me faudrait bien le faire quand même, soit maintenant, soit plus tard, et sans aucun profit encore. Si j'accepte, au contraire, je recevrai double grâce pour la prochaine occasion de renoncement.

« A l'œuvre donc : et, aussitôt ce travail fini, j'irai chez le Père Socius chercher celui qu'il m'a préparé. »

La victoire était complète. Ainsi s'exerçait notre généreux novice. Les attaques de ses ennemis le rendaient plus humble, plus défiant de lui-même ; ses combats fortifiaient sa volonté et lui préparaient de nouveaux triomphes. La vie de l'homme ici-bas n'est-elle pas un combat continuel ? (1). Oui, lutter contre la chair, contre le monde et ses séductions, contre les suggestions des esprits de ténèbres. Personne ne sera couronné, s'il n'a légitimement combattu (2).

(1) *Job.* VII, 1.

(2) *Saint Paul.* — II. *Thim.* II, 5.

Le Frère Devernoix l'entendait bien ainsi : rien ne le détournait de la pensée des assauts qu'il lui faudrait soutenir. Nous trouvons dans son Journal, à la date du 20 octobre :

« Maintenant que, depuis près de deux mois, Notre-Seigneur me nourrit du lait de ses consolations, je puis examiner à l'aise mes positions de combat et les armes à prendre pour les temps de trouble et de désolation, que m'annoncent ces consolations.

« Une lecture de Rodriguez, sur la conformité à la volonté de Dieu, m'a bien éclairé sur les moyens à prendre, afin d'avoir toujours l'âme en paix et d'éviter ces troubles, ces agitations qui me fatiguent si souvent. Il n'y a qu'à recevoir toutes choses comme venant de la main du plus tendre des Pères. Quand bien même cela me semblerait dur, il est certain que le bon Dieu ne me donnera jamais rien que des choses avantageuses pour le salut de mon âme. Alors, pourquoi vouloir choisir les lieux, les choses, les emplois qui me conviennent ? Suis-je donc venu en religion pour faire autre chose que la volonté de Dieu ? Ne la ferai je pas aussi parfaitement dans tel emploi que dans tel ou tel autre ? »

Le cher Frère, après ces réflexions, examine les fonctions qui pourraient le contrister, si on les lui imposait, après sa profession, et, il prend la résolution, malgré ses répugnances, d'accepter simplement toutes les obédiences qu'on voudra bien lui donner. Il ne cherchera pas ce qui lui plaît, il ne fuira pas ce qui lui déplaît ;

mais il accomplira généreusement ce qui lui sera commandé.

Il avait encore un autre moyen de vaincre ses répugnances et ses troubles.

« Ce matin, écrit-il le 23 octobre, les quatre derniers postulants ont pris le saint habit. — *Stolam primam.* — J'ai bien prié pour eux, suivant le conseil de Notre-Seigneur à la Bienheureuse Marguerite-Marie lui disant : « Tu ne peux mieux me témoigner ton amour, qu'en « oubliant tes intérêts pour les leurs, quoi que tu sois la « plus misérable de toutes. »

Et le cher Frère ajoute : « Dans les moments de trouble, pas de moyen plus radical, que de prier instamment pour ses frères : il semble alors — et c'est juste — que Notre-Seigneur doit nous regarder avec un visage souriant, nous disant : « Oui, mon enfant, donne-moi toujours ton cœur comme cela ! »

Tout ce qui pouvait contribuer au progrès de la Congrégation, faisait éclore en son âme une vive allégresse, qu'il ne savait contenir. Il notait soigneusement en son Journal l'entrée de tous les postulants.

« C'est toujours avec un grand bonheur, écrivait-il en l'une de ces occasions, que je vois grossir le nombre des novices, car c'est la semence, c'est l'espérance de la moisson. Je me dis chaque fois : savoir ce que va devenir tel ou tel de mes frères... Ce petit groupe de novices, qui causent si joyeusement au coin de cette allée, ramènera un jour bien des brebis égarées au Bercail du divin Pasteur...

« Oh ! qu'il m'est doux de penser que je vis avec des jeunes gens tant aimés du Cœur de Jésus et qui, un jour, *étincelleront comme des feux qui courrent à travers les roseaux* (1) et qui deviendront, peut-être, de grands saints. »

Dans une autre circonstance il écrivait encore : « Quelle joie de voir semer chaque année les grains qui deviendront les épis et les gerbes de notre chère Congrégation !

« Oui, dire que ces petits postulants, qui n'osent que timidement adresser la parole à leurs frères aînés, deviendront bientôt des Missionnaires du Sacré-Cœur ! Le divin Maître a des vues spéciales sur chacun d'eux ; et qui sait, si les uns et les autres ne deviendront pas des apôtres brûlants de zèle, des saints, des martyrs !...

« O belle et bonne pensée ! Comme cela remplit le cœur d'une douce et ineffable émotion, qu'il m'est impossible d'exprimer !

« Vive donc le Sacré Cœur de mon Jésus, qui daigne faire éclater sa miséricorde par les moyens les plus humbles !

« Peut-être, moi-même, tout misérable que je suis, dois-je un jour, par la plus infinie de ses miséricordes, faire connaître et aimer le nom trois fois saint de mon adorable Sauveur !... »

Plein de ces pensées, il avait appris par cœur la formule des vœux, et il la récitait tous les jours, aux pieds

(1) *Sagesse*, III, 7.

de Notre-Seigneur, pour entrer dans les dispositions avec lesquelles il désirait faire sa profession religieuse ; souvent même il en faisait le sujet de sa méditation. « Dieu va contracter alliance avec moi, écrivait-il en son Journal, cette pensée me confond !.. Bientôt aussi, en me remettant l'image bénie du Sacré-Cœur, que je devrai porter sur ma poitrine, on me dira : — Il vous envoie afin que partout soit aimé ce divin Cœur. — Et je répondrai : qu'il en soit ainsi. *Amen !*

« O bonheur inestimable ! Vraiment, je n'y comprends plus rien. Cette grâce !.. à moi ?.. Il faut donc que je me prépare avec une générosité sans bornes, que je devienne vraiment un saint Missionnaire, un apôtre tout de feu. »

Il y travaillait, le cher enfant, avec toute l'ardeur dont il était capable. A le voir tout à sa règle, d'une modestie exemplaire, mortifié en tous ses mouvements, sans cesse recueilli en Dieu, on sentait que son cœur était embrasé des plus pures flammes du saint amour. Cessait-il un moment dans la journée de s'entretenir avec son Jésus ? Ne jouissait-il pas plus tôt, à chaque instant, de sa divine présence ? On serait porté à le croire.

Quoi qu'il en soit, sa volonté très ferme était de demeurer uni au Cœur de Jésus en toutes ses actions et de toutes les faire selon les intentions de son Sauveur. Pour suivre le conseil de sainte Madeleine de Pazzi, il ne laissait s'écouler aucun moment sans se demander où allait son cœur, où tendaient ses affections (1).

(1) *Avis spirituels*, ch. XXIII.

Ainsi, il avançait d'un pas assuré et rapide dans la voie de perfection où il s'était généreusement engagé. Ses confrères admiraient son ardeur qui les animait eux-mêmes en les édifiant.

Au 27 octobre, veille de l'anniversaire de sa naissance, nous trouvons dans son Journal :

« VOILA 18 ANS que je suis en train de mourir. Quand aurai-je achevé ?...

« Ah ! comme c'est futile et passager les choses de ce monde. Le temps, la vie, les richesses, la santé, les honneurs, tout cela n'est qu'un vain nom, comme dit Bossuet.

« Je redoutais tant cette humiliation... J'avais si peur de souffrir ce mépris... J'avais tant de répugnance à aller demander cette permission... Si j'avais fait généreusement ces sacrifices, ça serait passé. En serai-je plus malheureux à présent ?.. Et cela serait inscrit pour l éternité dans le ciel ! »

Ainsi pensait ce jeune novice. Combien d'hommes mûrs, combien de vieillards, n'ont jamais conçu de la vie une idée aussi juste !

Le lendemain, en son anniversaire, il écrivait encore en très gros caractères :

« 28 OCTOBRE 1895. FÊTE DE S. SIMON ET S. JUDE

« 18 ANS !... et dans 18 ANS ?... »

Et il répondait aussitôt : « Où ?.. sur la terre ?.. aux Missions ?.. dans l'éternité ?.. au ciel ?.. en enfer ?.. Abîme ! O mon Dieu, souvenez-vous de moi selon l'étendue de votre grande miséricorde !

« Dans l'enfer ! Oh non ! Mais bien plutôt à côté de Marie-Madeleine, à côté de Marie d'Egypte, à côté de François-Xavier, de François Regis. Oui, il le faut !.. Et je le deviendrai avec votre secours, ô Marie, avec votre grâce, ô mon Jésus... Oui, mes saintes règles... le silence... la modestie... la charité... l'obéissance... l'humilité... »

Quelle leçon nous donne cet enfant ! Quel haut enseignement ! Si chacun se posait sérieusement et devant Dieu, cette question : Dans un an, deux ans, où serai-je ? S'il y répondait en scrutant sa conscience, combien nombreux ceux qui, se conformant au précepte du Sauveur, se tiendraient toujours préparés à comparaître devant ce Souverain juge. N'enseigne-t-il pas, dans son saint Evangile, qu'il viendra à l'heure que l'on ne pense pas (1) ? et que nous ne connaissons ni le jour, ni l'heure de sa venue (2).

Deux jours après, il célébrait l'anniversaire de ce qu'il nomme, avec une complaisance admirable, sa conversion. Il en profite pour s'accuser, s'humilier de nouveau et aussi pour en exprimer sa profonde reconnaissance au Cœur de Jésus, ajoutant : « Justement, notre retraite va commencer en ces jours bien faits pour arracher mes larmes et m'exciter à faire parfaitement mes saints vœux. »

Le lendemain, fête de la Toussaint, il écrivait ses impressions au moment de quitter pour toujours le pieux asile qui l'a abrité pendant une année.

(1) *Saint Mathieu*. XXIV. 44.
(2) *Ibidem*, 42.

« Voici donc le dernier jour passé en entier avec mes Frères du noviciat. L'année dernière, à cette heure, nous ignorions encore la date fixée pour notre prise d'habit. Oh ! comme le temps passe vite ; surtout près du Cœur du bon Maître.

« Ce soir, je ne sais quel serrement de cœur m'a saisi tout entier à la pensée de la sortie prochaine de ce saint lieu... »

Quel sentiment lui causait ce serrement de cœur ? Il n'en dit rien. Nous ne pouvons que faire des conjectures à ce sujet. Est-ce le regret de quitter de jeunes frères qu'il aime ? Est-ce la privation des pieux exercices dans lesquels il a puisé tant de consolation et de grâces ? Ne serait-ce pas plus tôt la crainte de ne point demeurer fidèle à ses saints engagements ? Toutes les trois causes ensemble peut-être ; plus probablement peut-être cette dernière, car il ajoute aussitôt :

« Par la miséricorde de mon aimable Jésus, je n'ai plus cette crainte vague, cette appréhension pour le jour des saints vœux. Au contraire, il me semble que mon cœur y aspire, comme le cerf altéré à la fontaine des eaux vives.

« Au noviciat, j'ai appris le maniement des armes ; j'ai hâte maintenant d'entrer dans l'arène pour mieux prouver mon amour à Jésus, — avec le secours de sa grâce, bien entendu, — de moi-même je ne puis absolument rien.

« Alors plus de dévotion sensible, tant mieux. On ne nourrit pas toujours l'enfant de lait. Il me faut bien sortir enfin des langes de l'enfance et devenir un homme, ne plus pleurer et se décourager parce que le papa ne présente plus le morceau de sucre !

« Accomplir le devoir, observer la règle comme le veut l'obéissance, voilà bien la voie sûre pour arriver à la perfection. Les difficultés seront nombreuses, il faut s'y attendre. A l'oraison, je m'attacherai plus fort aux principes ; je tiendrai d'autant plus ferme que je serai moins soutenu. »

Telles furent ses dernières résolutions avant d'entrer dans la retraite préparatoire aux saints vœux, et qui, par la disposition de l'adorable Providence, devint la préparation de son éternité !

CHAPITRE XV

LA RETRAITE DES VŒUX

Le deux novembre, vers le soir, s'ouvraient les exercices de la retraite. Dès le premier jour, le Fr. Devernoix écrivait : « J'ai bien recommandé ma retraite à mon bon Ange, à ma très sainte Mère et aux âmes du Purgatoire, sous les auspices desquels nous la commençons. J'ai demandé spécialement à saint Pierre, mon grand patron, une foi vive, une confiance que rien ne déconcerte et une contrition vraiment parfaite, comme la sienne. »

Ce cher enfant nourrissait, depuis les premiers jours de son noviciat, une spéciale affection pour les âmes souffrantes des fidèles défunts : il avait fait le vœu héroïque en leur faveur et s'efforçait d'offrir le plus de bonnes œuvres possibles pour leur venir en aide. Il était convaincu, que Jésus, qui aime tant ces chères âmes, exauçait plus facilement les demandes qu'on lui adressait, quand on les accompagnait d'œuvres pies, de quelque prière pour leur soulagement. Il faisait donc passer, par le Purgatoire, toutes ses prières, afin de les rendre plus pures, plus agréables au Cœur sacré de son Jésus. Excellente pratique, doublement profitable et doublement méritoire. Par elle, en effet, chaque acte renferme deux intentions excellentes et produit deux grands effets : Une rosée bienfaisante s'épanche du Cœur de Jésus pour tempérer les ardeurs des flammes du Purgatoire et consoler les âmes, qui en recueillent le bienfait. De plus, celui qui prie ainsi, procure à Jésus lui-même, un soulagement pour ses membres souffrants, et, reçoit en retour les faveurs qu'il sollicite avec une si brûlante charité.

Mais avec quelles dispositions notre novice a-t-il commencé sa retraite ? Il va nous le dire.

« Pour faire produire à cette retraite des fruits durables il me faut : 1° *Un entier dévouement à Dieu.* — C'est la pensée de saint Ignace.

« Mon Dieu, je vous offre toute ma volonté toute ma « liberté, afin que votre divine majesté dispose de ma « pauvre personne et de tout ce qui m'appartient selon sa « très sainte volonté (1). »

« Je dois donc me présenter à Notre-Seigneur comme une cire molle, comme une toile d'attente, où il imprimera son image. »

(1) *Exercices*, 5e annot.

S'adressant alors à son tout miséricordieux Sauveur, il s'écrie :

« O mon Jésus, c'est l'âme d'un futur prêtre qui se présente à vous. Prenez en main vos intérêts : les peuples vous aimeront dans la proportion de la sainteté de vos prêtres !

« C'est ainsi que je me suis présenté hier à Notre-Seigneur.

« 2° *Il me faut un grand désir.* — Oh ! qu'il est ardent dans mon cœur, ce désir de pratiquer mes bien-aimées règles parfaitement et de devenir un saint : oui, un saint Jean Berckmans, par la fidélité aux petites choses commandées par les règles et par l'obéissance.

« Si c'est le désir qui fait la prière, comment résisterez-vous, ô mon Dieu, aux soupirs de mon cœur, vous qui avez dit : C'est moi la vérité même, la vérité éternelle qui vous l'affirme. *Quelque chose que vous demandiez à mon Père, en mon nom, je le ferai* (1). »

Après une donation aussi entière de lui-même, avec un désir aussi ardent, l'âme du fervent novice était grandement ouverte à la grâce de Dieu ; il avait faim et soif de justice et de sainteté ; ce Dieu de miséricorde et tout amour, pouvait-il ne pas le rassasier, selon sa promesse (2) ?

Nous ne pouvons suivre le cher enfant dans le développement qu'il a donné à ses notes de retraite, ni même

(1) *Saint Jean.* XIV. 13.
(2) *Saint Mathieu.* V, 6.

rapporter toutes les pages remarquables qu'il a écrites ; nous dépasserions de beaucoup les limites qui nous sont tracées ; il nous faudrait presque doubler les pages de ce petit volume, si nous voulions transcrire tout ce que nous trouvons d'intéressant. Nous nous bornerons donc à quelques citations qui feront mieux connaître et la profondeur de son esprit, et son amour pour Dieu, et son zèle pour les âmes, et son ardent désir de perfection.

Que le lecteur ne soit pas surpris, de ne pas trouver ici, les mêmes élans d'amour, la même vivacité de sentiments que dans les grands exercices ; en revanche, il se convaincra promptement que le généreux retraitant a été plus appliqué à éclairer son intelligence, qu'à produire des sentiments. Dans les derniers mois du noviciat, l'esprit du pieux novice avait mûri : son jugement s'était développé, disons le mot, il était plus homme. Les fruits de nos vergers ne perdent-ils pas de leur fraîcheur et de leur éclat, à mesure qu'ils atteignent leur maturité ? Ils gagnent cependant en saveur ; moins beaux à la vue, ils deviennent plus délicieux et plus utiles.

L'esprit de Dieu agit diversement sur les âmes, selon leurs dispositions, leurs besoins et les desseins de son infinie sagesse.

Le cher Frère, dans cette retraite des vœux, cherchait avec application, les secours qu'il pourrait retirer des saints exercices, lorsque, sorti du noviciat, se sentant moins soutenu par la ferveur sensible, il se verrait plus exposé, par là même, à la langueur spirituelle.

Dès le commencement, il se met résolument à l'œuvre ; il recherche quels secours il peut retirer des examens de conscience et spécialement de l'examen particulier. Voici comment il en parle dans ses notes de retraite :

« Ce que nous a dit, ce soir, le Père Maître, au sujet de l'examen particulier, répond parfaitement à tout ce que je désirais savoir sur cet important sujet.

« L'examen particulier fait avec générosité, et surtout à l'aide du petit cahier pour marquer ses manquements, est une source grandement féconde en fruits de salut.

« Je veux devenir un saint : c'est mon dessein bien arrêté. Je ne puis d'ailleurs faire autrement, vu mes fautes passées et mon caractère entier qui ne connaît que les extrêmes. Il faut que je devienne un saint si je ne veux pas devenir un franc mauvais sujet.

« Je ne saurais supporter de devenir un de ces demi-religieux qui font la règle à moitié, qui se donnent je ne sais quelles allures de jeune homme... — le cher enfant avait, évidemment, un qualificatif dans l'esprit ; il n'a pas osé l'employer, il l'a remplacé par des points, non moins expressifs. — Il continue : « On se croit quelque chose. Il faut montrer qu'on est sorti des langes de l'enfance...»

Hélas ! oui, on a perdu la simplicité de l'enfant, dont Jésus-Christ a dit : *Laissez venir à moi les enfants, ne les empêchez pas, car le royaume des cieux est pour ceux qui leur ressemblent.* Perdant cette simplicité, on perd souvent avec elle l'innocence et la pureté du cœur, et, par là même, le royaume éternel : on tombe ainsi dans les liens de Satan. Malheur effroyable ! On ne devient un religieux relâché qu'en négligeant sa règle. Comment accorder la négligence, le relâchement avec la vie religieuse ? Problème difficile ; l'âme tiède croit-elle pouvoir le résoudre ?

« Puis donc que je veux devenir un saint, continue le cher Frère, l'examen particulier me sera du plus grand secours. »

« I. — D'abord, celui qui fait régulièrement et avec application son examen, montre qu'il a un ardent désir de sa sanctification. Or, le désir vrai, le désir efficace de parvenir à la sainteté, en est le meilleur chemin. — Celui qui ne désire rien ne fait rien.

« II. — Celui qui est fidèle à son examen particulier, en marquant, deux fois par jour, tant de manquements et de fautes, se dit : — « Si, sur ce seul point, je suis si souvent en défaut, combien d'autres fautes ne dois-je pas commettre dans mes autres devoirs... Alors, on voit combien on est faible .. on s'humilie à la vue de ses misères... on acquiert la véritable humilité...

« III. — Plus on découvre que l'on a été infidèle, plus on a honte de soi, plus on fa t d'actes de repentir, de contrition.

« IV. — Par cette contrition de plus en plus vive et parfaite, nous nous purifions chaque fois des moindres souillures de l'âme.

« V. — Nous nous conservons ainsi dans cette grande pureté de conscience qui fait les saints.

« VI. — La conscience par là même devient plus délicate, plus sensible aux blessures du péché ; on n'ose plus faire, volontairement, ce qu'il faudra se reprocher et pleurer à midi ou le soir.

« VII. — Il n'y a rien de plus humiliant que de se voir aussi faible, aussi imparfait : l'examen devient vite ennuyeux. On trouve mille raisons de l'abandonner... Mais si malgré tout l'on persévère, cette répugnance vaincue est un grand exercice de pénitence et l'expiation des peines dues au péché, dont la contrition a purifié la souillure.

« VIII. — Si cette répugnance quotidienne devient difficile à supporter, si elle devient ennuyeuse, le Purgatoire le sera bien davantage. — Se vaincre soi-même, faire des actes de résignation et de patience, vaut mieux que les pénitences corporelles.

« IX. — Sans l'examen, les défauts croissent et s'enracinent ; ils deviennent promptement des habitudes qui exigent mille soins et une constante vigilance pour les déraciner ; avec l'examen particulier, au contraire, aussitôt qu'une tête a poussé à l'hydre infernale, on la coupe.

« X. — Ayant plus d'horreur du péché et tant de répugnance à voir reparaître toujours les mêmes défauts, on comprend mieux combien la pureté infinie de Dieu est offensée par nos offenses ; on voit quelle patience, quelle tendresse il lui faut pour nous supporter. — Si, malgré notre vigilance, nous commettons tant de fautes, que doit-il donc advenir à ceux qui ne font pas d'examen ?

« XI. — La volonté se fortifie dans le bien : on veut, au prix de tous les petits sacrifices, éviter les moindres souillures.

« XII. — Par ce moyen, on rend à Dieu des hommages plus parfaits ; et, au ciel, nous serons inondés d'une plus vive lumière ; nous connaîtrons mieux la majesté infinie, nous l'aimerons et la glorifierons davantage ; ainsi nous pourrons mieux la remercier pour de si immenses bienfaits.

« XIII. — Dieu, voyant en nous une si ferme bonne volonté, nous prodiguera ses grâces et nous aidera puissamment à déraciner le défaut particulier que nous avons entrepris de corriger, et, avec ce défaut, nous en surmonterons un grand nombre d'autres.

« XIV. — Enfin avec la pureté du cœur, conséquence nécessaire de l'examen généreusement fait, nous posséderons tous les biens.

« Nous nous sentirons plus à l'aise dans nos oraisons ; la prière deviendra plus facile, plus fervente, plus amoureuse ; le recueillement et l'union avec Notre-Seigneur, but vers lequel je dois tendre pour devenir un saint, seront plus aisés, plus tendres, plus féconds en suaves épanchements, en brûlantes affections ; les consolations spirituelles qui fortifient l'âme et la soutiennent dans les combats, deviendront plus fréquentes ; les tristesses, les désolations moins dangereuses ; parce que l'âme aimant toujours dans l'action, saura par là même suffisamment qu'elle vit dans la paix et l'amour de son Dieu. »

Ainsi raisonnait notre retraitant. On voit par cet extrait de ses notes, et l'activité, et la profondeur de son intelligence, et la vigueur de sa volonté. Il poursuivit ainsi ses saints exercices, se rendant compte à lui-même de toutes les pratiques recommandées ; de tous les enseignements de saint Ignace ; rien n'échappait à sa clairvoyance ; aucune difficulté ne lui paraissait insurmontable avec le secours de la grâce.

Toute sa préoccupation se porte vers sa vie religieuse, sa persévérance dans la ferveur. Il examine avec soin les obligations des saints vœux et cherche par quels moyens il pourra, non seulement y demeurer fidèle, mais surtout pratiquer les vertus qui en font l'objet.

« Mon Dieu, s'écrie-t-il, c'est très simple les vœux. Il n'y a qu'à être sérieux, et ça marche facilement. A la Petite-Œuvre, encore simples élèves, ne pratiquions-nous pas la pauvreté, la chasteté, l'obéissance ? Ne devions-nous pas demander nos permissions pour user de quoi que ce soit, pour faire n'importe quelle chose ?

« Ce que nous faisions à la Petite-Œuvre, où l'on est encore enfant et si porté à la légèreté, pourquoi ne le ferait-on pas lorsqu'on a été mûri par l'âge, après une année entière de noviciat ?.. Lorsqu'enfin on a promis solennellement à Dieu d'accomplir fidèlement ! »

Vers le milieu de la retraite, le cher enfant se sentit souffrant. Il demanda à se reposer, ce qui lui fut accordé. Le 6 novembre, il écrivait dans son Journal : « Ce matin je suis resté au lit jusqu'à sept heures parce que je me sentais un grand mal de tête depuis hier soir. » Le lendemain, les souffrances s'étant calmées, il reprit ses exercices.

La santé du Frère n'avait souffert aucune altération apparente pendant l'année. Sa maigreur était extrême ; mais, au dire du médecin, sa constitution était forte, l'ossature bien conformée, la poitrine très développée et les poumons fonctionnaient parfaitement. Son état de maigreur était attribué à la croissance, d'une part, et de l'autre, au tempérament. Le mal de tête dont il avait souffert ne parut inquiétant à personne. Lui-même se sentait mieux et voulait achever la retraite ; on le lui accorda. Les trois jours suivants furent assez bons ; mais, le samedi 9 novembre, la fièvre le força de s'aliter. Il fut conduit à l'infirmerie d'où, hélas ! il ne devait sortir que pour s'envoler dans le lieu de son éternel repos.

On lit, à la date de ce jour, dans son Journal : « Plus que demain et sonnera l'heure tant désirée ! Plus qu'un jour et apparaîtra, dans son éclatante blancheur, l aube tant désirée. J'ai dit — aube. — Et en effet, comme l'aube se mêle tout d'abord aux ténèbres et semble vouloir concilier sa nature avec la leur ; comme enfin, peu à peu, sans violent effort, elle semble avoir absorbé toutes les ténèbres dans l'immense rayonnement de ses feux ; de même, à ce moment suprême, sans effort, sans violence, sans détruire ma nature, Jésus changera les ténèbres dont je suis tout composé, en une lumière ardente, dans les éblouissantes clarté de son Cœur. Il me confondra avec lui : nous ne ferons plus qu'un en deux cœurs !

« O mon Dieu, faites-moi comprendre le prix de cet honneur, pour que je puisse, à ce souvenir, m'exciter à vous mieux aimer, à vous mieux servir. »

Telles sont les dernières lignes écrites par le Frère Devernoix en ce monde. Elles sont comme l'expression de ses dernières volontés : — Demeurer uni à Jésus, ne faire plus qu'un avec son Sacré Cœur : plus qu'un en deux cœurs.

Ce vœu, nous l'espérons bien, est à jamais réalisé.

CHAPITRE XVI

DERNIÈRE MALADIE. — PIEUSE MORT

Dès la première atteinte de la fièvre, le cher malade avait donc été placé à l'infirmerie. Aucun symptôme alarmant ne se manifestant encore, on crut qu'il s'agissait d'une fatigue ordinaire, dont quelques bons soins et un peu de repos triompheraient rapidement. En effet, le lendemain, la fièvre avait presqu'entièrement disparu. Grande joie pour tous : nous pensions le malade assez remis pour faire sa profession avec ses confrères. Lui-même en avait manifesté le désir et il en demanda la permission au Père Maître. Il lui fut répondu que, si le jour suivant il n'avait pas de fièvre, il pourrait faire ses vœux, mais qu'il devait attendre avant de recevoir une décision.

Ce même jour, se trouvant seul avec le Père Maître, il

LE FRÈRE SIMON-PIERRE DEVERNOIX SUR SON LIT DE MORT

lui dit, avec un fin sourire et une rare tranquillité : « Mon Père, j'ai demandé à Dieu la grâce de mourir si je devais jamais l'offenser, et, ajoutait-il, je crois bien que j'ai été exaucé. »

Il lui fut répondu : « C'est bien. Pensez d'abord à vous guérir. Nous allons bien prier pour vous, vous prierez avec nous, afin que nous puissions obtenir votre prompt rétablissement. » Puis, le Père, détournant la conversation, lui parla de toutes autres choses, afin de le distraire.

Deux jours après, le Père Socius, qui le visitait fréquemment et lui prodiguait ses soins, lui dit de son côté : « Courage, bien cher Frère, nous commençons une neu- « vaine à Notre-Dame du Sacré-Cœur, pour la glorifica- « tion de Monseigneur Verjus, afin d'obtenir votre gué- « rison. Unissez vos prières aux nôtres. » Il répondit, avec beaucoup de calme et d'assurance : « Oh ! mon Père, « c'est bien inutile, je ne guérirai pas. »

Le médecin, appelé promptement, examina avec soin le cher enfant, et nous dit : « Je ne vois aucun pronostic bien « grave pour le moment ; cependant, il faut surveiller de « près le malade ; nous pouvons nous trouver au début « d'une maladie grave, peut-être aussi n'est-ce qu'une « simple indisposition ; et il laissa son ordonnance qui fut « exécutée à la lettre. »

Cependant, le jour si ardemment désiré était venu. Tous ses confrères firent leurs vœux, et le cher enfant, retenu par la fièvre, n'avait pas quitté le lit. Discrétion remarquable, il ne renouvela même pas sa demande de la veille, se contentant d'offrir au Cœur de Jésus ce dur sacrifice : il voulait qu'il fut caché à tous. Son Jésus le connaissait, cela lui suffisait. Il pria pour ses Frères tout le temps de l'office.

Après la messe solennelle qui suivit l'émission des vœux, les nouveaux profès montèrent à l'infirmerie pour visiter le malade. Il leur tardait d'avoir de ses nouvelles. Laissons l'un d'eux nous dire ce qui se passa dans cette entrevue :

« Quand nous allâmes l'embrasser, quelques instants « après notre profession religieuse, il parut entièrement « soumis à la divine volonté. Nous avions peine à cacher « notre tristesse de le voir retenu par la maladie dans un « jour, où il eut dû se consacrer au Cœur de Jésus avec « nous, ses anciens condisciples, ses Frères de noviciat. « Lui, au contraire, souriant et calme, ne se lassait pas « de nous considérer. Son regard s'arrêtait avec une « amoureuse complaisance sur l'image du Cœur de Jésus, « qu'on venait de fixer sur nos poitrines en signe de notre « profession religieuse.

« L'un de nous, s'approchant alors de son lit, lui tendit « la main. — Ce n'est pas cela qu'il me faut, dit-il avec « empressement, c'est ceci ; et, d'un geste expressif, il « indiquait la sainte image du Cœur de Jésus. — Le visi- « teur alors, de s'incliner vers le cher malade, qui l'étrei- « gnit aussitôt, baisant affectueusement l'image bénie « dont il ne savait plus détacher ses lèvres. Il voulait « ainsi rendre hommage au Cœur de Jésus pour la faveur

« insigne accordée à ses Frères et le remercier de les
« avoir enrôlés sous son étendard.

« Cette conduite, de notre bien-aimé Frère, nous a tous
« émerveillés en nous donnant une haute idée de la per-
« fection à laquelle il s'était élevé pendant le noviciat.
« Pouvions-nous donc ne point voir, dans une résignation
« si complète, si joyeuse, un effet admirable du plus entier
« abandon de lui-même à la volonté de Dieu ? Nous sen-
« tions vivement combien l'épreuve lui dut être sensible ;
« et nous le voyions si parfaitement résigné, le visage
« rayonnant, sans que nous puissions y découvrir le plus
« léger nuage de tristesse ! Véritablement, nous étions
« ravis d'admiration. Cette visite produisit en nos âmes
« une émotion plus profonde et plus durable, que n'eut
« pu le faire le plus éloquent discours. »

La résignation du cher malade ne se bornait pas à ce seul sacrifice, elle lui faisait accepter les plus vives souffrances avec joie, on pourrait affirmer qu'il les désirait. Ecoutons le témoignage de son infirmier :

« Un jour qu'il me semblait plus souffrant et que je lui
« exprimais ma compassion. — Oh ! me dit-il, j'ai demandé
« à Dieu de m'envoyer toutes les souffrances qu'il lui
« plaira. Je suis prêt à endurer tout ce qu'il me réserve.

« Dans les premiers jours de sa maladie, ajoute le
« Frère infirmier, il était travaillé tous les soirs d'imagi-
« nations sombres qui le remplissaient de crainte. Je lui
« suggérais alors quelques bonnes pensées et quelques
« oraisons jaculatoires, lui recommandant de les dire

« fréquemment. Il me dit : Cela me fatigue trop.— Dites-
« les au moins de cœur. — Oh ! pour cela. — Ce fut
« toute sa réponse. »

Pendant les huit jours que dura sa maladie, on ne surprit jamais un mouvement d'impatience, pas une plainte, pas une parole de regret. Il demeura joyeux et reconnaissant des soins qu'on lui prodiguait. « Oh ! que vous êtes bon, disait-il, à ceux qui lui rendaient service, je vous remercie de tout cœur. » Alors, tout son visage, son regard réflétaient les sentiments de son cœur affectueux. D'autres fois, il s'étonnait qu'on l'entourât de soins si assidus, lui, selon sa pensée, si indigne, si misérable. Alors, il s'écriait avec admiration : « Ce que c'est que la charité chrétienne ! En religion, on n'a pas même besoin de manifester son désir. On a des Pères dévoués qui vous aiment, des Frères attentifs à prévenir les moindres besoins ; que c'est beau, la charité !.. Et le cher enfant ne tarissait plus dans ses éloges sur cette vertu.

La pensée du devoir ne le quittait pas, même dans le délire de la fièvre, qui se manifesta dans les deux derniers jours de la maladie. L'amour de la règle, de l'obéissance, le conduisait en tout — « Quand vous me donnerez à prendre quelque chose de mauvais, dit-il, dès le début de son séjour, à l'infirmier, vous n'aurez qu'à me dire : c'est le devoir, c'est l'obéissance et je le prendrai. » Admirable disposition à laquelle il demeura fidele jusqu'à la dernière heure.

« L'avant-veille de sa mort, rapporte le Père Socius, le

« Frère ne me reconnut pas. Je voulus lui faire prendre « un peu de bouillon parce qu'il me parut très affai- « bli. Il refusa. Alors, je lui dis : Bon Frère, je suis « le Père Socius, acceptez cela pour vous faire du bien. « — Non, me répondit-il, vous n'êtes pas le Père Socius ; « vous êtes un scolastique. Les novices n'ont pas permis- « sion de parler aux scolastiques, la règle le défend ; je « ne veux pas vous parler, ni rien recevoir de vous, et il « serra les dents de telle sorte qu'il devint impossible de « lui faire boire quoi que ce fut.

« Je priai ensuite environ un quart d'heure. Alors, se « tournant vers moi et me reconnaissant, il me dit en « souriant : Mon Père, vous êtes donc ici. — Oui, cher « Frère, et vous, vous êtes bien fatigué, vous avez besoin « de boire un peu, prenez ce bouillon. — Oui, mon Père, « tout ce que vous voudrez. — Aussitôt, il but avec sim- « plicité ce que je lui présentais. »

Deux ou trois fois l'ennemi des âmes lui inspira quelques troubles ; mais il les surmonta promptement. Un bénitier était suspendu à la muraille, tout près de lui ; il y portait souvent la main pour se signer et en asperger son lit, afin d'éloigner l'esprit de ténèbres.

Le jour de sa mort, la fièvre avait monté à son plus haut degré, et il était dans une grande agitation ; son confesseur se trouvait tout près de son lit ; il le reconnut : — « Mon Père, lui dit-il, je suis en enfer et je ne sais comment en sortir. » Son regard semblait alors implorer un secours. — « Non, mon enfant, répondit le Père, ce n'est que le Purgatoire et vous en sortirez bientôt. » Il parlait ainsi pour lui faire comprendre que ses souffrances étaient pour lui un moyen de se purifier des dernières souillures du péché. Le malade essaya un sourire et il dit : « Ah ! » sans pouvoir ajouter autre chose. On lui donna un peu d'eau bénite et il devint calme.

Le lecteur se souvient que le cher Frère adressait souvent à Marie le salut : O lis plus blanc que la neige, etc. (1), et comment il avait résolu de réciter cette prière chaque jour autant de fois que son chapelet comptait de grains. Pendant les huit jours que dura sa maladie, il aimait encore à la dire fréquemment. Son infirmier, pour lui procurer quelque satisfaction et aussi pour lui suggérer quelque pieuse pensée, la lui rappelait plusieurs fois le jour, et, sur la demande du malade, il la récitait à haute voix, et lui, la répétait tout bas. L'auguste Reine du ciel a promis à sainte Gertrude de venir chercher, à la mort, ceux qui auront été fidèles à cette pratique journalière. Elle vint donc, cette tendre Mère, et se manifesta plusieurs fois au Frère Devernoix. Laissons raconter le fait par le Père Socius, qui en affirme l'authenticité :

« La bonne Mère a tenu sa promesse. Plusieurs fois, le cher Frère a dit : « Je vois la sainte Vierge, oh ! qu'elle « est belle ! » Et il demeurait comme ravi, en extase.

« Elle a dû, cette miséricordieuse Mère, venir au devant de son âme, dans la nuit du 17 au 18 novembre, et

(1) Voir chapitre VIII, page 53.

ainsi le récompenser de sa fidélité à l'honorer et à la prier. »

Nous l'avons considéré nous-mêmes, ce cher enfant, à l'heure où son âme quittait sa frêle enveloppe, le visage radieux et calme, les yeux largement ouverts et fixés vers le ciel, qu'il semblait considérer comme dans un horizon sans bornes. Son doux sourire semblait répondre à un mystérieux appel. Il se sentait délicieusement attiré vers le séjour des félicités éternelles.

Jusqu'au dimanche dans l'après-midi, nous avions confiance de conserver à la terre ce cher enfant. A sa dernière visite, le médecin n'avait rien trouvé d'alarmant, pour l'heure présente, dans l'état de ce bien-aimé malade. La fièvre, il est vrai, persistait, mais elle ne dépassait pas les degrés ordinaires et poursuivait son cours. Nous espérions, qu'après le dixième jour, elle descendrait progressivement.

Les novices, ses confrères, toute la Communauté, priaient tant et avec une si grande ferveur ! L'heure de prendre le degré de fièvre étant venu, nous appliquâmes le thermomètre. Il dénonça 42° et quelques dixièmes. Tout espoir était perdu, toute illusion dissipée.

Le pieux enfant avait communié plusieurs fois pendant la semaine et aussi en viatique ; nous nous hâtâmes de lui administrer le sacrement des malades, et nous lui donnâmes l'indulgence plénière pour l'heure de la mort. Tous ses jeunes confrères entouraient sa couche, attérés, et priaient avec ferveur. Nous récitâmes longtemps les prières liturgiques pour lui obtenir les grâces nécessaires à cette dernière heure, si terrible pour les âmes négligentes, si douce pour celles qui aiment Dieu, comme l'aimait le Frère Devernoix.

Quand, pendant sa courte maladie, un de ses Pères lui demandait (et l'on se plaisait à le faire souvent pour procurer au malade de produire un acte d'amour, et aussi pour s'édifier) : — « Cher Frère, aimez-vous bien Jésus ? » — « Oui, mon Père, répondait-il vivement, je l'aime beaucoup... je l'aime de tout mon cœur... de tout mon cœur ! » Ces paroles sortaient brûlantes, embrasées de son cœur d'apôtre. « Et la sainte Vierge, ajoutait-on ? » — — « Oh ! si je l'aime !... aussi de tout mon cœur, » s'écriait-il avec non moins d'ardeur.

Cependant, la respiration devenait de plus en plus pénible ; par moment, elle semblait s'arrêter complètement pour se ranimer un moment. Ceux qui avaient eu le bonheur d'être choisis pour passer cette dernière nuit à son chevet, humectaient souvent ses lèvres brûlantes et sa gorge desséchée par quelques gouttes d'un breuvage rafraîchissant ; puis ils continuaient à prier. La vie diminuait rapidement, le pouls s'affaiblissait.

Le soir, à onze heures et demie, son regard se fixa brillant et ferme, comme s'il eut considéré une personne placée devant lui, et paisiblement, le sourire sur les lèvres, avec un simple soupir, il exhala sa belle âme, que les anges de Dieu ont transportée au tribunal du Souverain Juge, pour y entendre, nous en avons la ferme espérance, la sentence de miséricorde et de salut.

Aussitôt, nous tombâmes à genoux pour réciter un *De profundis* pour le bien-aimé défunt. En se relevant, celui de ses confrères qui l'avait soigné pendant les six derniers jours de sa maladie, avec un dévouement sans égal et une rare affection, considérant un instant en silence la dépouille mortelle de ce jeune homme, moins âgé que lui de trois années à peine, s'écria avec une ingénue spontanéité : — « Heureux Frère ! *En a-t-il de la chance !* Mourir comme cela !... Que je voudrais bien être à sa place. »

C'était bien la mort d'un prédestiné. Plaise à Dieu que notre fin soit semblable à la sienne : précieuse devant le Seigneur !

Le Frère Devernoix était âgé de *dix-huit ans et vingt jours*, quand il remit son âme entre les mains de son Créateur. On peut dire de lui ce que l'Esprit-Saint a dit du juste : *Ayant peu vécu, il a rempli le cours d'une longue vie* (1). Celle dont nous venons de raconter les principaux faits, s'est écoulée dans l'espace d'une année ; et maintenant il a reçu la couronne de gloire.

Dès le lever de la Communauté, tous furent avertis du décès du cher Frère ; les prières de tous, les suffrages, les indulgences, les œuvres saintes furent offerts à son intention, et toutes les saintes messes célébrées

(1) *Sagesse*, IV, 13.

pour le repos de son âme, et nos suffrages continuent.

Souvent, il avait demandé le martyre, afin que son entrée au ciel ne fut pas retardée ; il avait aussi, chaque jour, supplié sa bonne Mère de lui épargner les flammes expiatrices du Purgatoire ; il avait tant fait pour les saintes âmes des défunts ! Nous aimons à croire, que s'il ne s'est pas envolé droit au séjour des élus, il a du moins vu abréger beaucoup pour lui les jours de l'épreuve et qu'il est enfin entré dans le lieu de son éternel repos.

Terminons par le salut d'adieu que lui adressait le jeune profès, son compagnon de noviciat, qui nous a transmis les notes précieuses, dont nous avons fait usage dans le cours de notre récit. Nous disons donc, avec lui, au cher défunt :

« Oui, cher Frère, qui nous avez quittés, nous vous « aimions tendrement à cause de vos vertus, et encore « en reconnaissance du bien que vous nous avez fait par « vos admirables exemples.

« Dieu sait combien les prières que nous lui avons « adressées pour votre guérison ont été ferventes ! Pour- « quoi la mort l'a-t-elle donc emporté ? — C'est assuré- « ment que vous étiez mûr pour le ciel !

« Dans la gloire, n'oubliez pas ces frères que vous avez « tant aimés durant votre vie et qui, eux, continuent à « prier pour vous, par cette prudente charité qui ne veut « pas qu'on oublie ses défunts. Nous pleurons, il est vrai, « non sur vous, mais à cause de votre absence. Votre

« sort nous fait envie : Votre mort fut l'aurore d'un beau « jour, celui de l'éternelle union à Jésus.

« Puissions-nous tous aimer son divin Cœur comme vous l'avez aimé ! »

FIN.

EXTRAIT DU PROSPECTUS DE LA PETITE-ŒUVRE

I. — BUT DE LA PETITE-ŒUVRE. — La Petite-Œuvre du Sacré-Cœur est une école où l'on élève des enfants pour en faire des prêtres-missionnaires ; elle a été fondée, le jour de l'Annonciation, en 1866, par les Missionnaires du Sacré-Cœur.

Les élèves sont aujourd'hui plus de 300, répartis entre les diverses maisons de la Congrégation, où l'on s'occupe de leur formation cléricale et religieuse.

II. — LES RESSOURCES DE LA PETITE-ŒUVRE reposent sur une cotisation D'UN SOU PAR AN. De là le nom donné à l'Œuvre : *La Petite-Œuvre du sou.*

III. — ASSOCIÉS, ZÉLATEURS ET ZÉLATRICES. — Qui donne *un sou par an* est associé de l'Œuvre.

Qui donne ou recueille *cent sous* par an a le titre de Zélateur ou de Zélatrice, et reçoit gratuitement, s'il le demande, autant d'abonnements aux *Annales* de Notre-Dame du Sacré-Cœur qu'il envoie de fois *cinq* francs.

Qui donne ou procure à l'Œuvre cinq cents francs par an est regardé comme Fondateur ou Fondatrice.

IV. — AVANTAGES POUR LES ASSOCIÉS, LES ZÉLATEURS ET LES FONDATEURS. — Tous ont droit, selon leur offrande :

1° Aux bonnes œuvres et prières des Pères et des enfants ;

2° A une intention spéciale à la messe de tous les Missionnaires du Sacré-Cœur, le premier vendredi du mois, et à toute messe qui se dit pour la Société et ses bienfaiteurs ;

3° Aux communions générales des enfants de la Petite-Œuvre, le premier dimanche et le premier vendredi du mois, jusqu'à leur ordination au sacerdoce ;

4° A la participation à toutes les bonnes œuvres, prières et messes de ces jeunes gens devenus prêtres ;

5° A une indulgence de 100 jours toutes les fois qu'ils assistent à une réunion en faveur de la Petite-Œuvre. (Pie IX, 1874.)

V. — CONDITIONS D'ADMISSION A L'ÉCOLE DE LA PETITE-ŒUVRE. — Les enfants qu'on désire faire entrer à la Petite-Œuvre doivent avoir au moins 12 ans et pas plus de 15.

Ils doivent avoir un *jugement droit :* être *bien pieux*, *très intelligents*, *d'une bonne santé*, et pouvoir fournir de bons certificats.

De plus, on exige un trousseau et une pension d'au moins 200 francs les deux premières années. La première année est toujours une année d'*essai*.

Adresser les lettres et offrandes à M. LE DIRECTEUR DE LA PETITE-ŒUVRE, à Issoudun (Indre).

UN SOU

POUR LA PETITE-ŒUVRE

Un sou, quelle petite chose !
Vaut-il la peine d'en parler ?
Qu'est-ce qu'une feuille de rose
Où la goutte d'eau vient perler ?

Qu'est un grain de sable au rivage,
Un caillou sur l'Himalaya,
Un insecte dans le feuillage,
L'atome qu'un vent balaya ?

Qu'est une fourmi sur la terre,
Ou dans les airs un passereau,
Une fleurette solitaire,
Un poisson qui se perd dans l'eau ?

Non, tout cela n'est pas grand'chose,
Et pourtant Dieu s'en occupa :
La petite feuille de rose,
C'est sa main qui la découpa.

Car la feuille jointe à la feuille,
Forme la fleur et puis le fruit,
Comme aussi la main qui la cueille,
Feuille par feuille la détruit.

Les oiseaux, famille légère,
Chantent tous sous les verts rameaux ;
Si chacun venait à se taire,
Que deviendraient leurs chants si beaux ?

Du petit sou c'est là l'histoire :
Avec un autre il fera deux,
Il fera cinq, veuillez m'en croire,
Il fera cent, c'est merveilleux.

Un petit sou, c'est la fortune
Qui commence à luire ici-bas ;
Donnez-le-nous, sans honte aucune.
Nos mains ne le dédaignent pas.

A la Petite-Œuvre croissante,
Envoyez ces chers petits sous :
Elle sera reconnaissante,
Et saura prier Dieu pour vous.

Vous aurez fait une œuvre immense,
Vous le verrez... vous savez où...
Au ciel, le Seigneur récompense
L'offrande du plus petit sou.

Un petit sou, c'est quelque chose,
Il vaut la peine d'en parler,
Comme de la feuille de rose,
Où la goutte d'eau vient perler.

Xavier Deidier,
Miss. du S.-C.

TABLE DES MATIÈRES

ISSOUDUN. — IMPRIMERIE A. GAIGNAULT.

EN VENTE A ISSOUDUN

(Extrait du Catalogue)

Le Sacré Cœur de Jésus, par le T. R. P. CHEVALIER, supérieur général des Missionnaires du Sacré-Cœur . . . . 4 »

Notre-Dame du Sacré-Cœur, par le même 3 50

Le Sacré-Cœur et le Ciel, par le même 2 50

L'Evangile du Sacré-Cœur, par le P. VAUDON, missionnaire du Sacré-Cœur. . 3 50

Entretiens e Discours pour les jeunes gens, par le m me 3 50

Nouveaux Entretiens et Discours, par le même 3 50

Le Règne social de Jésus-Christ, par le P. DELAPORTE, missionnaire du Sacré-Cœur. . . . . 2 »

On s'abonne, à ISSOUDUN, aux **Annales de Notre-Dame du Sacré-Cœur**. *Publication mensuelle et illustrée*. Prix de l'abonnement : **3 francs** par an.

ISSOUDUN. — IMPRIMERIE A. GAIGNAULT.